Join this Chariot

A CLASSIC ON SOUL WINNING

Chris Oyakhilome

이 마차에 함께 타라

– 영혼 구원의 명작 –

크리스 오야킬로메 지음 | Paula Kim 옮김

믿음의말씀사

Join this Chariot
ISBN 978-36028-5-3
Copyright ⓒ 2002 Love World Publishing
e-mail: cec@christembassy.org
website: www.christembassy.org

2009 / Korean by Word of Faith Company, Korea.
Translated and published by permission. Printed in Korea.

이 마차에 함께 타라

1판 1쇄 발행일 · 2009년 6월 9일
1판 3쇄 발행일 · 2020년 3월 3일

지은이 크리스 오야킬로메
옮긴이 Paula Kim
발행인 최순애
발행처 믿음의말씀사
2000. 8. 14 등록 제 68호
우)16934 경기도 용인시 기흥구 신정로 301번길 59
TEL. 031) 8005-5483 FAX. 031) 8005-5485
http://faithbook.kr

ISBN 89-90836-77-8 03230
값 6,000원

본 저작물의 한국어판 저작권은 LoveWorld Publishing와의
독점 협약으로 '믿음의 말씀사'가 소유합니다. 저작권법에 의해
한국 내에서 보호를 받는 저작물이므로 무단 전재와 복제를 금합니다.

본서에 인용된 성경구절은 말씀보존학회 발행 한글킹제임스로 번역하였습니다.

| 목차 |

추천사 _ 6

소개글 _ 9

01   이 마차에 함께 타라 _ 11

02   하나님께서 당신을 신뢰하실 수 있습니까? _ 41

03   당신은 하나님의 파수꾼입니다 _ 67

04   헌신 선언문 _ 101

추천사

2009년 4월 한 달 동안, 크리스 오야킬로메 목사님이 운영하는 치유학교 견학과 국제사역자학교 학생으로 훈련을 받을 수 있는 복된 기회를 가졌습니다. 어떤 말씀을 어떻게 가르치기에 이렇게 교회가 부흥하고, 성도들이 활력 있으며 하나님의 군대같이 일사불란하게 비전을 향하여 하나가 되어 전진하고 있을까? 이십여 년 목회를 하면서 만족스러운 열매를 많이 맺지 못하여 고민하는 목사에게는 당연한 관심이었습니다.

DVD를 보거나 테이프를 들어서는 배울 수 없는, 교회 전체의 움직임을 직접 관찰할 수 있는 기회였습니다. 특별히 방문 기간 중에 목요일 저녁부터 다음 주 월요일까지 부활절 연휴가 끼어 있었습니다. 그 기간 동안 남아공 국내 항공기 요금이 4배로 뛸 정도로 나라 전체가 황금연휴를 즐기는 분위기였는데도 불구하고, 전체 3,000여 명의 성도 중 제가 보기에는 약 1,000명 이상이 사흘 동안 일종의 셀 리더 훈련인 제자 훈련에 참여했습니다.

그들은 세상의 문화와 상관없이 영혼 구원에 모든 것을 드리는 교회였습니다. 훈련 기간에는 최고의 강사 목사님들이 복음, 영혼구원, 헌금에 이르기까지 철저하게 가르치고 있었습니다. 특히 둘째 날은 아침 8시부터 저녁 10시가 넘어서까지 세 번의 강의가 있었는데 모두 합쳐보니 9시간이 넘었습니다. 이런 열정으로 영혼 구원과 영적 성장에 온 교회가 불이 붙어 있으니 나이지리아 출신 목사가 남아공에 와서 교회를 개척한 지 5년도 안 되어 2~3,000명을 넘어가는 대형 교회로 부흥하는 것이 놀랄 일도 아니었습니다. 물론, 전 아프리카는 물론 유럽과 중동 지방 회교도들까지 시청할 수 있는 교회 소유의 24시간 위성 방송의 지원도 받고 있지만, 성도들을 움직이는 것은 말씀과 성령의 강력한 역사임을 현장에서 볼 수 있었습니다.

치유학교에서는 이번에도 600여 명이 넘는 환자들이 2주 동안 가르침을 받으며 기도하고, 마지막 날에는 크리스 목사님의 안수를 받고 일어나 뛰기도 하고 걷기도 하였습니다. 이런 치유 모습은 처음 보았을 때보다 충격이 덜했지만, 그러나 안수 기도가 끝나고 이어서 선포되는 복음 메시지와 영접 초청 때 환자들의 보호자로 왔던 수 백 명의 결신자들이 앞으로 나가는 것을 보니 치유 집회의 목적도 영혼 구원이라는 예수님의 사역의 그림이 보였습니다.

각 사람이 자신의 삶의 현장에서 전문적인 영혼 구원자가 될 것을 촉구하는 메시지는, 부담을 주는 전도 설교가 아니었습니다. 내게 임하신 하나님의 임재를 잃어버린 영혼에게 자연스럽게 보여주고 나타내어, 병든 자가 낫게 되고 사람들이 주님께로 돌아오는 자연스러운 영혼 구원의 현장이 바로 하나님 나라 대사로서 사는 "그리스도의 대사 Christ Embassy" 교회 성도들의 삶이었습니다.

전도는 현장에서 잃어버린 영혼을 만나서 그들의 마음을 열고 복음을 전하는 가운데 배우는 것입니다. 이 책은 영혼 구원에서 매우 중요한 점들을 새롭게 짚어 주고 있으며, 모든 그리스도인이 삶의 현장이라는 마차에서 곁에 있는 사람에게 그리스도를 나타내야 함을 강조하고 있습니다.

우리가 가진 복음은 사람들이 가진 모든 문제에 대한 유일한 해답입니다. 우리는 이 답을 가지고 문제를 가진 사람들을 살리라고 부탁받은 "화목케 하는 직분"을 받은 하나님 나라의 대사입니다. 복음 메시지와 구령의 열정이 이 책을 읽는 모든 사람들에게 불붙게 되기를 기도합니다.

2009년 6월 7일

김진호 목사
그리스도의 대사들 서울 / 용인교회 담임
예수선교 사관학교장

소개글

'이 마차에 함께 타라'는 신자가 효과적인 전도를 할 수 있도록 전도에 대한 열정을 품게 하고 예수 그리스도의 복음을 세상에 전파할 수 있는 실용적인 단계들을 주는 영혼구원에 대한 명작입니다.

초판을 통해서는 수천 명의 사람들이 영혼구원을 하고 싶은 마음을 품게 되었고, 하나님이 가장 중요하게 여기는 그 일에 헌신할 때까지는 알 수 없는 하나님 안에서의 깊이를 발견하였습니다.

저는 이 개정판을 통해서 더 많은 하나님의 사람들이 도전 받고 주 예수 그리스도를 통해서 교회에게 전해진 이 위대한 임무에 대해 다시 깨어나게 되기를 심령으로부터 갈망합니다. 이 임무는 다음과 같습니다. "또 주께서 그들에게 말씀하시기를 너희는 온 세상에 가서 모든 피조물에게 복음을 전파하라."(마가복음 16:15) "그러므로 너희는 가서 모든 민족들을 가르치고, 아버지와 아들과 성령의 이름으로 침례를 주며 내가 너희에게 명령한 모든 것을 가르쳐 지키게 하라. 보라, 내가 세상 끝까지 너희와 항상 함께 있으리라."(마태복음 28:19-20)

하나님께서는 당신을 통해서, 당신의 도시와 주州와 나라와 나아가 세계의 다른 나라들에서 교회와 선교와 전도활동이 일어나기를 원하십니다. 그러나 당신은 반드시 당신이 지금 있는 곳에서부터 시작해야 합니다! 당신이 당신에게 주어진 세상world에서 영혼을 구하고 제가 저의 세상에서 영혼구원을 하면, 우리는 함께 온 세상을 예수님께로 구원할 수 있습니다.

이 책을 읽으면서 당신의 심령 속에서 전도의 불이 타오르게 하십시오. 하나님께서 빌립에게 말씀하셨던 것같이 당신 주변에 구원 받지 못한 사람들에 관해서 무엇을 해야 하는지 하나님께서 당신에게 말씀하실 수 있도록 허락하십시오. 그리고 듣게 되면 미루지 말고 곧바로 행동하십시오.

『이 마차에 함께 타라』의 새로운 개정판에는 해당 장의 주요 내용에 관하여 질문에 답해보고 실질적인 훈련을 할 수 있는 활동지가 각 장의 끝에 포함되었습니다. 이는 이 시기적절한 책에서 배운 영원한 진리를, 당신이 더 잘 이해하고 삶에 적용할 수 있도록 도와줄 것입니다.

01

이 마차에 함께 타라

그때 주의 천사가 빌립에게 말하기를 "일어나서 남쪽을 향해 예루살렘에서 기자에 이르는 길까지 가라. 그 길은 사막이라." 하니 그가 일어나서 떠나더라. 그런데, 보라, 에디오피아 사람, 곧 에디오피아 여왕 칸다케 휘하에서 모든 재정을 담당하는 큰 권세를 지닌 내시가 예루살렘에 경배드리러 왔다가 돌아가는데 마차에 앉아서 선지자 이사야의 글을 읽고 있더라. 그때 성령께서 빌립에게 말씀하시기를 "가까이 가서 이 마차에 함께 타라." 하시더라. 그러므로 빌립이 거기로 달려가니 그가 선지자 이사야의 글을 읽고 있는 것을 듣고 말하기를 "당신이 읽고 있는 것을 이해하느뇨? 하니 그가 말하기를 "나를 지도하는 이가 아무도 없으니 어찌 깨달을 수 있으리요?" 하며 빌립을 청하여 마차에 올라 자기와 함께 앉게 하더라. 그가 읽고 있는 성경 구절은 이것이니 즉 "그는 도살할 양처럼 끌려갔고, 또 털 깎는 자 앞에 잠잠한 어린 양 같이 그의 입을 열지 아니하더라. 그가 굴욕 중에 부당한 재판을 받았으니 누가 그의 세대를 선포하리요? 이는 그의 생명이 이 땅에서 끊어졌음이로다." 이었더라. 그 내시가 빌립에게 대답하여 말하기를 "당신께 부탁하노니 선지자의 이 말은 누구에 관한 것이뇨? 자신이뇨, 아니면 다른 사람이뇨?" 하니 빌립이 입을 열어 이 성경에서 시작하여 그에게 예수를 전하니라. 그리하여 그들이 길을 따라가다가 물이 있는 곳에 이르자 그 내시가 말하기를 "보라, 여기 물이 있도다. 내가 침례를 받는데 무슨 거침이 있느뇨?"라고 하니 빌립이 말하기를 "만일 당신이 마음을 다하여 믿으면 합당하니라."고 하니 그가 대답하여 말하기를 "나는 예수 그리스도가 하나님의 아들이신 것을 믿나이다."라고 하더라. 그리고 나서 그가 마차를 세우라고 명한 다음 빌립과 내시가 둘 다 물로 내려가서 빌립이 그에게 침례를 주니라. 그들이 물 속에서 올라오자 주의 영이 빌립을 데려가시니 그 내시가 그를 다시 보지 못하더라. 그러나 그는 기뻐하며 자기 길을 가더라. 그후 빌립이 아소토에 나타나 카이사랴에 이를 때까지 지나가면서 모든 고을에 전파하니라. 　　　　　　　　　　사도행전 8:26-40

성령님께서는 빌립에게 사막으로 가라고 말씀하셨고, 빌립은 그 분부에 의문을 품지 않고 즉시 사막으로 갔습니다. 거기에

도착해서 그는 다음 지시를 기다렸습니다. 그리고 말씀이 왔습니다. "가까이 가서 이 마차에 함께 타라." 마차는 길을 가고 있었고, 빌립은 다음 단계가 무엇인지 모른 채 하나님을 기다리고 있었습니다. 그리고 하나님께서 말씀하셨습니다. "가까이 가서 이 마차에 함께 타라."

하나님께서 왜 빌립에게 그 마차에 함께 타라고 하셨을까요? 이 마차의 무엇이 그렇게 중요했을까요? 하나님께서는 빌립의 여정을 도울 계획으로 마차에 타라고 한 것이 아니었습니다. 왜냐하면 그 이후에 하나님께서는 마차가 없이도 충분히 빌립의 여정을 도울 수 있다는 것을 증명하셨기 때문입니다.(사도행전 8:39-40) 그러면 이 성경구절에서 마차의 중요성은 무엇입니까? 하나님께서는 빌립의 인생에 일어난 이 사건에 우리가 특별히 주목하기를 원하십니다. 그리고 우리가 이 마차에 대해서 구체적으로 알기를 원하십니다. 왜냐하면 이것은 앞으로 올 다른 세대의 누구라도 이 똑같은 구절 안에서 살 수 있게 하는 열쇠이기 때문입니다.

그러므로 우리는 이 마차가 무엇을 상징하는지 알아야 합니다. 성경말씀은 하나님의 자녀들과 깊은 진리들을 교통하기 위해서 성령님께서 신중히 선택하신 단어들로 만들어졌습니다. 하나님은 하늘과 땅이 없어져도 내 말들은 결코 없어지지 아니할 것이라고 하셨습니다.(마태복음 24:35) 하나님의 말씀은 모든 세대에서 순수하고 능력 있고 견고하고 효과적이시며,

우리는 오늘날 우리의 인생을 그 위에 세울 수 있습니다. 그래서 하나님의 말씀이 오늘날 우리와 관련이 있는 것입니다. 그러므로 하나님은 빌립이 주목하기를 바라셨던 것에 우리도 마찬가지로 주목하기 원하십니다.

마차들!

마차들은 인생의 운반 수단vehicle를 상징합니다. 그러나 여기에서는 차나 버스나 비행기 같은 것만을 말하는 것이 아닙니다. 마차에는 여러 종류가 있습니다. 어떤 마차들은 비행기와 같이 당신의 몸을 운반하고, 다른 마차들은 당신의 아이디어와 특기와 기술과 인품을 운반합니다. 운반 수단은 당신에게 육체적으로, 정신적으로 또는 다른 어떤 방법으로든 표현할 수 있는 방법을 제공해 줍니다. 이것은 당신이 다른 사람들과 접촉을 할 수 있도록 하고 당신의 접촉 범위를 정해줍니다. 그러므로 사업적이고 전문적인 운반 수단들이 있습니다. 만약에 당신이 은행에서 일한다면 그 은행이 당신의 운반 수단입니다. 만약에 당신이 학생이라면 당신이 학생인 동안에는 당신의 학교가 당신의 운반 수단입니다. 이것들이 인생의 운반 수단입니다.

그래서 성령님께서 빌립에게 "가까이 가서 이 마차에 함께 타라"고 하셨을 때, 그분은 그날 어떤 특정한 운반 수단에 관해서 말씀하신 것이었습니다. 오늘 당신은 마차 안에 있습니다. 당신이 일하는 직장이나 학교 또는 사업이 바로 그 마차입니다. 그 마차에서 당신은 사람들과 관계를 가져야 하며, 당신이 확신conviction을 표현해야 하며, 당신의 생각들을 나타내야 합니다. 당신이 이 진리를 붙잡게 될 때 당신의 인생은 새로운 의미를 갖게 될 것입니다.

하나님께서 우리가 그리스도인으로서 주목하기 원하시는 것은 우리 안에 있는 그분의 생명을 나타냄으로써 하나님께서 사람들의 삶에 가치를 주실 수 있는 위치에 우리가 있기를 원하십니다. **예수 그리스도의 복음은 모든 믿는 자에게 구원을 주시는 하나님의 능력입니다.**(로마서 1:16) 하나님께서는 우리를 삶의 여러 다른 분야에 두심으로써 세상 사람들과 접촉하게 하시면서, 우리가 복음을 증거하고 그 유익들을 다른 사람들과 나누기를 원하십니다. 이것이 마차의 목적입니다.

하나님으로부터 지시를 받은 이후에 "**그러므로 빌립이 거기로 달려가니 그가 선지자 이사야의 글을 읽고 있는 것을 듣고 말하기를 '당신이 읽고 있는 것을 이해하느뇨?' 하니 그가 말하기를 '나를 지도하는 이가 아무도 없으니 어찌 깨달을 수 있으리요?' 하며 빌립을 청하여 마차에 올라 자기와 함께 앉게 하더라.**"(사도행전 8:30-31)

여기서 주목해야 할 또 다른 것은 이것입니다: 하나님께서 빌립에게 가서 그 마차에 함께 타라고 하셨지만 빌립은 가서

"안녕하세요. 하나님께서 저를 이 마차로 보내신 것 같은데요?" 라고 말하지 않았습니다. 그렇게 했다면 그것은 아주 잘못된 접근이었을 것입니다. 왜냐하면 그 마차는 자기 것이 아니었기 때문이죠. 그는 하나님의 목표가 에디오피아인의 마차가 아니라는 것을 알았습니다. 하나님께서 생각하고 계시던 것은 더 중요한 것이었습니다.

주 예수님께서 하신 말씀을 기억하십시오: **"또 천국은 밭에 숨겨진 보물과 같으니, 어떤 사람이 그것을 찾으면 다시 숨겨 두고 그 기쁨으로 가서 자기의 모든 소유를 팔아 그 밭을 사느니라."**(마태복음 13:44) 그 사람에게 더 중요했던 것은 그 밭 자체가 아니라 그 밭에 숨겨진 보물이었습니다. 이와 같이 그 마차 안에는 하나님께서 더 중요히 여기시는 보물이 있었습니다. 그 내시가 바로 마차 안에 있던 보물이었습니다. 하나님께서 빌립이 마차에 타기 원하신 이유입니다. 하나님은 빌립이 그 보물을 알아차릴 것을 아셨고 빌립을 그 마차에 타도록 보내신 것입니다.

마차에 갔을 때 빌립은 마차를 바라보며 아름다움에 감탄하지 않았습니다. 오히려 그는 그 마차 안에 있던 보물을 추구했습니다. 에디오피아인 내시는 위대한 권세를 가진 사람이었기 때문에 그 마차는 분명히 알록달록하고 매우 아름다웠을 것입니다. 그러나 빌립은 그것에 주목하지 않았습니다. 그는 보물을 추구하였습니다. 하나님께서는 빌립이 진짜와 그림자의 차이를 분별할 줄 알 것을 신뢰하셨습니다.

하나님께서 당신을 마차로 보내실 수 있겠습니까? 또한 하나님께서 당신이 마차를 얻기 위해 가지 않고 마차 안에 있는 진짜 보물을 추구할 것을 신뢰하실 수 있겠습니까? 사람들의 영혼은 하나님께 매우 중요하며 당신도 하나님과 같이 생각해야 합니다. 하나님께서는 빌립이 그 마차 안에서 하나님이 원하시는 일을 할 것을 신뢰할 수 있었습니다. 하나님께서 당신도 신뢰하실 수 있도록 하십시오.

복음을 전파하는 일이 우리에게 위임되었습니다. 이것은 선택 사항이 아닙니다. 이것은 우리가 과거에 생각했던 것처럼 복음 전도자만을 위한 것이 아닙니다. 우리는 교회 안에서도 이렇게 가르쳐왔습니다. 우리는 우리 각자의 일 때문에 시간이 없는 관계로 목사님들만 복음을 전하기를 기대합니다. 그러나 이것은 잘못된 것입니다. 하나님께서는 당신을 이미 어떤 마차로 보내셨고 이것이 당신이 그 일을 하게 된 이유입니다. 마차 안에 있는 보물을 주목하지 못할 정도로 바빠지지 마십시오. 당신의 사무실이 당신의 마차입니다. 당신의 사무실에 있는 모든 사람들이 다 그리스도인이라고 하더라도 다를 것은 없습니다. 당신은 반드시 복음을 전해야 합니다.

하나님께서 당신을 보내신 마차에 남아있을 수 있도록 당신은 열심히 일해야 합니다. 만약에 당신이 부주의하게 일을 한다면 그것은 좋은 간증이 되지 못할 것이며, 당신이 발전하지 않는다면 그 직장을 떠나야 할 수도 있습니다. 당신이 개인 사업을 가지고 있든 가지고 있지 않든, 당신의 사업이 망했다면 당신은 마차에서 나온 것입니다. 그러므로 당신은 당신의 직장에서나 사업에서 일을 잘해야 합니다. 그래야 사업의 마차 안에 당신이 남아있을 수 있고 사람들을 그리스도께로 인도하여 영혼을 구원할 수 있기 때문입니다.

필요를 찾고 그 필요를 채우십시오!

> 그러므로 빌립이 거기로 달려가니 그가 선지자 이사야의 글을 읽고 있는 것을 듣고 말하기를 "당신이 읽고 있는 것을 이해하느뇨?" 하니 그가 말하기를 "나를 지도하는 이가 아무도 없으니 어찌 깨달을 수 있으리요?" 하며 빌립을 청하여 마차에 올라 자기와 함께 앉게 하더라. 사도행전 8:30-31

빌립은 하나님께서 그를 마차로 보내신 것을 알았지만 마차에 가서 "하나님께서 나를 이 마차로 보냈으니 문을 열어주시오!"라고 하지 않았습니다. 절대 아닙니다! 그는 먼저 그 마차 안에 있는 사람에게 그가 필요로 하는 것, 즉 말씀을 이해할 수 있도록 하고 싶었습니다. 빌립은 그에게 도움을 주었고, 그로 인하여 그는 초대 받았습니다.

하나님께서 당신을 인생의 마차들 중 한 마차로 보내실 때, 당신이 빌립처럼 할 것이라고 신뢰하실 수 있겠습니까? 하나님께서 당신에게 어떤 특정한 회사에 들어가라고 하실 수 있다는 것을 아십니까? 그러나 물론 당신은 문을 두드리며 "하나님께서 저에게 당신 회사에 들어가라고 보내셨습니다!"라고 할 수는 없습니다. 그렇게 말하면 회사에서 받아주기도 전에 해고될지도 모릅니다! 당신은 반드시 재치와 사람을 다루는 기술을 나타내야 합니다.

빌립의 예를 보십시오. 당신은 먼저 당신이 그들에게 무엇을 제공할 수 있는지 사람들이 알게 해야만 합니다. 당신이 그 회사에 도움이 될 수 있음을 알려주십시오. 필요를 찾고 그 필요를 채우십시오. 빌립은 그 마차에 접근할 때 부랑자처럼 "오, 제발, 저는 사막에 버려져 있습니다. 도와주십시오."라고 울부짖지 않았습니다. 그는 사막에 있음에도 불구하고 그렇게 하지 않았습니다.

사막은 메마른 곳이며 그곳에는 모든 것이 황량하고 소망이 없어 보입니다. 모든 상황이 나쁘고 도울 사람은 아무도 없습니다. 당신이 원하는 돈이 없어 보이는 그 자리도 사막일 수 있습니다. 당신은 지금 버려진 것처럼 느껴지고 인생의 갈림길에서 '내가 여기서 뭐하고 있는 거지?' 하고 생각할 그런 상황 가운데 있을 수 있습니다. 그렇게 생각하지 마십시오! 빌립은 자신이 그 곳에 왜 있을까 의문하면서 사막으로 나가지 않았습니다.

그는 하나님께서 어떤 목적이 있으셔서 자신을 그곳으로 데리고 가셨음을 알았습니다. 그는 모든 것이 그의 선을 이룰 것도 분명히 알고 있었습니다. 그러나 가장 중요한 것은 그가 자신이 누군가를 향한 하나님의 구원 계획의 중요한 일부임을 알고 있었다는 것입니다.

당신은 자신을 그렇게 본 적이 있으십니까? 당신은 그렇게 자신을 보아야 합니다. 당신은 하나님의 계획에 있어 중요한 사람입니다. 당신은 하나님의 영혼구원 동역자로서 자신에 대한 올바른 이미지를 가지고 있어야 합니다. 당신이 지금 있는 곳이 어디든지 당신은 모든 사람들을 위한 하나님의 구원 계획에 관계 있는 사람이 될 수 있습니다. 당신은 세상을 향한 하나님의 계획에 필요한 사람입니다.

하나님께서는 에디오피아와 아프리카 전체를 위한 계획을 가지고 계셨고 그 직분을 맡을 사람이 필요하셨습니다. 제자들 중에 그곳에 간 사람은 아무도 없었기 때문에 하나님께서는 이 탐구적인 개종자를 사용하셨고, 또한 그분이 신뢰하는 사람이자 하나님의 보물을 찾고 있던 빌립을 그에게 보내셨습니다. 하나님께서는 빌립이 왕국의 일의 시급함을 이해하고 있다는 것을 아셨습니다. 하나님께서는 심령을 살피시며 당신이 무엇을 위해 일하고 있는지 아신다고 성경은 말합니다.

당신은 하나님을 섬기며 기다리면서, 하나님께서 당신이 하기 원하시는 일이 무엇인지 어디서든 알 수 있어야 합니다. 당신이 사막에 있을 때에도 마찬가지입니다. 당신의 감각이 매력 있게 느끼지 않는 곳은 어디든지 사막입니다. 하나님께서 오늘 당신을 사막으로 보내실 수 있을까요? 당연히 그러실 수 있습니다!

어떤 그리스도인들은 새로운 직장을 제의 받을 때, 자신이 어디에 있는지 이해할 수 있는 충분한 시간을 갖지 않습니다. 그들은 못생긴 책상들을 보고 낙담합니다. 그들은 다른 사람들과 복음을 나눌 수 있는 기회를 찾아볼 시간을 갖지 않습니다. 즉시 그들은 제시된 월급이 충분치 않다고 생각하고, 놀랍게도 그만둡니다! 그들은 하나님께서 그들을 그곳에 보내셨음을 선포할 수 있었지만, 그곳이 사막임을 즉시 인식하고는 결국 하나님께서 그들을 그곳에 보내시지 않았다고 결정합니다. 그들은 하나님을 기다릴 시간이 없습니다. 왜 그럴까요? 그들이 원하는 것은 오직 마차이기 때문입니다. 그러나 그 마차 안에는 보물이 있습니다. 하나님께서는 당신이 그것을 알아보고 취하기 원하십니다. 그것이 진짜입니다!

하나님께서 우리를 잊으셨기 때문에 우리가 이 세상에 남아있는 것이 아닙니다. 그분은 우리를 천국으로 부르실 때와 날을 정하셨습니다. 우리가 거듭난 이후에도 하나님께서 우리를 이 땅에 남도록 하신 이유는, 우리가 그분의 말씀을 배우고 영적으로 성장하여 다른 많은 사람들을 하나님의 왕국으로 데리고 오기 위함입니다. 우리가 이 땅에 와 있는 이유가 이것임을 당신은 반드시 깨달아야 합니다! 할렐루야!

영혼구원은 하나님의 첫 번째 사명이며 하나님의 왕국에서 영혼구원보다 더 중요한 것은 없습니다. 잃어버린 죄인 한 사람이 회개하는 것이 회개가 필요 없는 아흔 아홉 명의 의인들보다 천국에 더 많은 기쁨을 가져옵니다. 주 예수님께서 말씀하셨습니다. **"인자가 온 것은 잃어버린 자를 찾고 또 구원하려는 것이라."**(누가복음 19:10) **"혼들을 이겨오는(얻어오는) 자는 현명하니라."**(잠언 11:30)

하나님을 두려워하는 것이 지혜의 시작이며 진정한 지혜는 영혼을 구원할 때 증명되는 것입니다. 혼들을 이겨오는(얻어오는) 자는 지혜롭다고 성경이 말하고 있습니다. 영혼을 구원하는 것은 말씀을 선포하는 것 그 이상입니다. 영혼을 구원하기 위해서 당신은 계획해야 하며 기도해야 하고 전략을 세워야 합니다. 그러나 슬프게도 많은 그리스도인들은 선포하는 것에만 관심을 가집니다. 그들은 영혼구원자가 아니며 수다쟁이일 뿐입니다. 영혼구원자는 전략자입니다. 빌립의 전략들을 한 번 살펴보겠습니다.

그는 친절했습니다

빌립은 에디오피안 내시에게 이렇게 물었습니다. "선생님 sir, 당신이 읽고 계신 것을 이해하십니까?"

그가 읽고 있는 성경구절은 이것이니 즉 "그는 도살할 양처럼 끌려갔고, 또 털 깎는 자 앞에 잠잠한 어린 양 같이 그의 입을 열지 아니하더라. 그가 굴욕 중에 부당한 재판을 받았으니 누가 그의 세대를 선포하리요? 이는 그의 생명이 이 땅에서 끊어졌음이로다." 이었더라. 그 내시가 빌립에게 대답하여 말하기를 "당신께 부탁하노니 선지자의 이 말은 누구에 관한 것이뇨? 자신이뇨, 아니면 다른 사람이뇨?" 하니 빌립이 입을 열어 이 성경에서 시작하여 그에게 예수를 전하니라.

사도행전 8:32-35

빌립은 친절하게 다가왔고 그 남자가 읽고 있던 내용에 관해서 대화를 시작하였습니다. 이것이 최고의 홍보입니다. 어떤 그리스도인들은 그들의 직업과 사업을 위한 홍보만 할 줄 알고 복음에 관해서는 소홀합니다. 그러나 홍보가 가장 필요한 것은 바로 복음입니다.

그리하여 그들이 길을 따라가다가 물이 있는 곳에 이르자 그 내시가 말하기를 "보라, 여기 물이 있도다. 내가 침례를 받는 데 무슨 거침이 있느뇨?"라고 하니   사도행전 8:36

내시가 침례에 관해서 알고 있었다는 것은 빌립이 그에게 침례에 대해서 전했음을 의미합니다. 그는 내시에게 종교를 전하지 않고 예수를 전했습니다. 기독교의 핵심은 도덕이나 의례가 아닙니다. 중요한 것은 그 뒤에 있는 인격체인 예수 그리스도입니다. 기독교는 도덕적인 가르침을 통해서 전파되는 것이 아닙니다. 기독교의 핵심은 인류의 울부짖음에 대한 해답으로서 우리가 전파하는 예수 그리스도입니다. 종교는 아무에게도 도움을 주지 못했고 그 누구도 구원할 수 없습니다. 종교는 그 누구도 더 나아지게 할 수 없습니다. 세상의 종교들은 당신에게 "이렇게 해라, 저렇게 해라." 또는 "이건 하지 마라, 저건 하지 마라."라고 할 수 있습니다. 그러나 그것이 당신을 바꾸지는 않습니다.

모든 사람들이 알아야 할 것, 아니, 알아야 할 분은 살아계신 하나님의 아들인 예수 그리스도입니다. 어떻게 그분이 이 세상에 오셨고, 인간의 육신을 입은 하나님의 아들로서 우리에게 나타나셨는지를 알아야 합니다. 그분은 우리를 위해 죽으셨고 우리를 위해 묻히셨고 우리를 의롭게 하기 위하여 하나님에 의해 죽은 자들 가운데서 일으켜지셨습니다. 그를 믿는 자는 누구든지 자신의 죄로부터 해방되고 더 이상 자신의 죄로 심판을 받지 않을 것입니다.

사도 바울이 말했습니다. "그러므로 형제들아, 너희가 알 것은 이분을 통하여 너희에게 죄들의 사함이 선포되었으며 너희가 모세의 율법으로는 의롭게 되지 못하였던 그 모든 일에 있어서도 믿는 자는 모두 그분을 통하여 의롭게 된다는 것이니라."

(사도행전 13:38-39) 이것이 우리가 모든 사람에게 전해야 하는 내용입니다.

우리는 복음이 무엇인지 이해해야 합니다. 복음은 믿는 모든 사람을 위한 하나님의 유일한 구원의 능력입니다. 하나님께서는 사람을 구원하는 또 다른 방법을 가지고 계시지 않습니다. 아무리 많이 기도하고 침례 받는다 해도 아무도 구원받을 수 없습니다. 한 사람이 구원받으려면, 그는 반드시 온 심령으로 예수 그리스도께서 살아계신다는 것을 믿어야 합니다. 에디오피아 내시가 "나는 예수님이 하나님의 아들이었던 것을 믿습니다."라고 하지 않았음을 주목하십시오. 그는 "나는 예수 그리스도가 하나님의 아들임을 믿습니다."라고 했습니다. 그리고 그는 침례 받고 나서가 아니라, 침례 받기 전에 그의 믿음을 증언하였습니다.

> 빌립이 말하기를 "만일 당신이 마음을 다하여 믿으면 합당하니라."고 하니 그가 대답하여 말하기를 "나는 예수 그리스도가 하나님의 아들이신 것을 믿나이다."라고 하더라.
>
> 사도행전 8:37

그의 말의 핵심은 그가 예수님이 살아계시다는 것을 믿는다는 것이었습니다. 그 뜻은 하나님께서 예수를 죽은 자들 가운데에서 일으키셨다는 것을 믿는다는 것입니다. 왜냐하면 그는 분명히 예수님께서 죽으시고 부활하셨다는 것을 듣고 읽었기 때문입니다.

성경은 로마서 10장 9-10절에서 말합니다. **"네가 네 입으로 주 예수를 시인하고 또 하나님께서 그를 죽은 자들로부터 살리신 것을**(예수님께서 오늘 살아계신다는 뜻입니다.) **네 마음에 믿으면 구원을 받으리라. 이는 사람이 마음으로 믿어 의에 이르고 입으로 고백하여 구원에 이르기 때문이다."**

그는 기도하였고 재치 있었습니다

영혼구원에 있어서 중보의 역할은 아무리 강조하여도 지나치지 않습니다. 당신이 성령의 인도를 받기 위해서는 반드시 기도해야 합니다. 빌립은 문을 열어주시고 환경을 완벽하게 배열해 주실 하나님이 필요했습니다. 그는 그 내시를 움직여 그 성경구절들을 소리 내어 읽게 해주실 하나님의 영이 필요했습니다. 왜냐하면 성경은 빌립이 "선생님, 당신이 읽고 계신 것을 이해하십니까?"라고 묻기 전에 그가 성경을 읽는 것을 들었다고 하고 있기 때문입니다.

하나님은 사람들이 당신에게 질문하도록 그들을 움직이실 것입니다. 그 시점에서 당신은 예수님에 대한 대화를 할 수 있습니다. 이때에 당신은 재치 있어야 합니다. 예를 들면, 가끔은 친구들에게 그룹으로 동시에 복음을 전하기가 어려울 수도 있습니다. 그 중에 한 사람이 그들의 주의를 산만하게 하거나 까다롭게 굴 수도 있습니다. 말이 많은 친구에게는 혼자 있을 때 개인적으로 복음을 전하십시오.

하나님의 전략들을 배우십시오. 그분은 교회의 모든 핍박자들을 주의 깊게 보시면서 다소의 사울을 찍으셨습니다. 다메섹으로 가는 길에 하나님은 사울을 쓰러뜨리고 바울의 인생은 영원히 변화되었습니다. 당신도 똑같이 하십시오; 가장 큰 자를 찾아 그에게 휴식시간에 보자고 하십시오. 그와 단 둘이 시간을 보내되 매우 재치 있게 행동하십시오. (당신이 만약에 숙녀이고 그 사람이 남자라면 매우 조심스럽고 현명하게 행동하십시오.) 성령님의 기름부음이 그에게 임할 것이고, 대화를 끝낼 즘에 그는 다른 사람들에게 그리스도의 복음을 전하는 자가 되어있을 것입니다!

제가 반드시 마차에 타야만 합니까?

그렇습니다. 당신은 반드시 마차에 타야만 합니다! 마차에 타는 목적은 복음을 증거하기 위해서 입니다. 이것을 이해하십시오. 영혼구원은 하나님의 첫 번째 사명입니다. 만약에 이 땅에 단 한 명의 사람이 있었더라도 하나님께서는 예수 그리스도를 이 땅에 보내셔서 그를 위해 죽게 하셨을 것입니다. 하나님께서는 우리의 수가 많아서 예수님을 보내신 것이 아닙니다. 숫자와는 아무 상관 없었습니다. 그분은 사람을 속량하기 위하여 천국의 최고, 즉 그분의 (그 당시로서는) 오직 하나뿐인 아들을 보내셨습니다. 당신의 하나뿐인 아들보다 더 귀한 것이 무엇이 있겠습니까? 예수 그리스도는 천국의 최고였습니다.

어느 나라나 민족의 지도자가 죽게 되면 24시간 내에 온 세계에 알려집니다. 그러나 2000년 전에 만유의 왕이 죽었지만 많은 사람들은 아직도 모르고 있습니다. 왜냐하면 우리(그리스도인들)가 마땅히 전해야 할 만큼 소식을 전하지 않았기 때문입니다. 많은 그리스도인들이 신문과 축구에 중독되어 열광하지만 예수 그리스도의 복음에 관해서는 그만큼 열정을 나타내지 않습니다.

하나님께서는 명확한 목적을 위해서 당신의 손에 성경을 주셨습니다. 당신의 삶을 예수님께 드린 순간 당신은 마차에 올라탈 후보가 되었습니다. 당신은 성경의 깊은 진리들을 당신의 친구와 당신과 접촉하는 모든 사람들과 나눠야 합니다. 당신은 그들에게 하나님의 왕국으로부터 온 소식을 소개해야 합니다. 당신이 아침에 성경을 읽고 무언가를 배운다면 그것을 세상에 전하는 것이 마땅합니다.

우리 주 예수님께서 말씀하셨습니다. "**그러므로 너희가 어두움 속에서 말한 것은 무엇이나 빛 속에서 듣게 되고 너희가 골방**

에서 귀에 대고 말한 것은 지붕 위에서 선포되리라."(누가복음 12:3) 당신은 복음을 전해야만 합니다. 누군가에게 큰 소리로 말하십시오! 당신의 목사님만을 복음을 사람들에게 전하는 사람으로 바라 보지 마십시오.

하나님께서는 복음을 통해 생명을 나타내셨습니다

> 하나님의 종이요, 예수 그리스도의 사도인 바울은, 이는 하나님의 택하신 자들의 믿음과 경건에 준한 진리의 지식에 따라 영생의 소망 안에서 주어진 것으로, 이 영생의 소망은 거짓말하실 수 없는 하나님께서 세상이 시작되기 이전에 약속하셨다가 때가 되어 그의 말씀을 복음 전파를 통해 나타내셨는데, 이 일은 우리 구주 하나님의 명령에 따라 내게 맡겨진 것이라.
>
> 디도서 1:1-3

당신은 이런 식으로 하나님을 생각해 본 적이 있습니까? 그분은 거짓말하실 수 없고 그분은 복음 전파를 통해 영원한 생명을 나타내셨습니다. 말씀을 전하는 것은 매우 중요합니다. 이것이 영생을 사람들에게 가져다주는 유일한 방법입니다. 우리는 말씀을 전해야만 합니다. 이것이 믿음이 일어나게 하기 때문입니다. 믿음은 들음에서 오며 들음은 하나님의 말씀으로

인한 것입니다.(로마서 10:17)

　사람들은 복음을 들을 때에만 구원에 대한 믿음을 가질 수 있습니다. 믿음은 표적과 기사를 통해 올 수 없습니다. 당신이 무엇을 본다고 해서 믿음을 갖게 되는 것이 아닙니다. 당신은 말씀을 들어야만 믿음을 가질 수 있습니다. 심령 안에 믿음이 불붙기 전에는 반드시 말씀이 필요합니다.

　제가 당신에게 소포를 보여준다고 가정해 봅시다. 제가 그것에 관해서 아무 말도 하지 않는다면, 당신은 단지 보는 것만으로는 믿음을 가질 수 없습니다. 제가 당신에게 그 소포를 주기 원한다는 것을 당신이 이해하려면, 저는 당신에게 말을 해야만 할 것입니다. 복음을 전하는 것도 이와 같습니다. 복음을 전하는 것만이 사람이 영생을 가질 수 있는 믿음을 가질 수 있는 유일한 방법입니다. 예수님의 얼굴을 마주보더라도 믿음이 없을 수 있습니다. 말씀을 들을 때에만 믿음이 당신에게로 올 수 있습니다.

　우리 주변에 예수 그리스도의 소식을 듣지 못한 사람들은 우리가 그들에게 말하기 전에는 믿음을 가질 수 없습니다. 우리는 그들에게 복음에 대해 말해주어야 합니다. 우리가 복음을 전하기 위해 강단에 서야만 하는 것은 아닙니다. 빌립도 강단이 필요하지 않았습니다. 하나님께서는 "그 마차로 가까이 가라"고 말씀하셨고, 그는 그 말씀에 순종하여 내시에게 복음을 증거했고, 결국 그 내시는 그리스도께로 인도되었습니다. 이 내시는 에디오피아로 파송된 하나님 왕국의 대사가 되었습니다. 그렇게 해서 복음이 최초로 아프리카로 들어 왔습니다.

복음을 즐겁게 전하십시오!

> 이는 사람이 마음으로 믿어 의에 이르고 입으로 고백하여 구원에 이르기 때문이라. 성경이 말씀하시기를 "그를 믿는 자는 누구나 부끄러움을 당하지 아니하리라."고 하였느니라.
>
> 로마서 10:10-11

만약에 당신이 예수 그리스도를 믿는 사람이라면 당신은 당신이 하나님 안에 가진 소망을 절대로 부끄러워해서는 안됩니다. 당신은 그분을 신뢰할 수 있습니다. 이것이 당신이 하나님의 말씀에 붙어있어야 하는 이유입니다. 당신이 하나님의 말씀에 붙어있다면, 이 세상에서 무슨 일이 일어나든지 당신은 승리해서 나올 것입니다. 하나님께서는 이미 당신을 정복자보다 나은 자로 선언하셨습니다. 이 이야기는 이미 전해졌고 승리자들은 지명되었으며 당신도 그 중에 한 사람입니다. 당신이 나온 혈통 안에 있는 모든 사람들은 그들의 시대에서 성공적이었고 승리자들이었으며, 당신도 마찬가지입니다. 하나님의 말씀을 공부하여 당신의 뿌리들을 발견하십시오.

> 유대인과 헬라인 사이에 차별이 없으니 이는 만민에게 동일한 주께서 그를 부르는 모든 사람에게 부요하심이라.
>
> 로마서 10:12

오늘 그분을 부르면 그분은 모세와 여호수아와 바울이 그분을 불렀을 때 반응하신 것같이 당신에게도 반응하실 것입니다. 그분의 신실하심은 모든 세대에 이릅니다.(시편 119:90) 그분은 모세에게 신실하셨던 것만큼 당신에게 신실하실 수 있습니다. 그분은 자신이 신실하심을 선언하셨습니다. 당신이 왜 두려워하거나 부끄러워해야 합니까? 그분은 그들을 위해서 그분의 말씀으로 받쳐 주셨고 오늘 당신을 위해서도 그분의 말씀으로 받쳐 주실 것입니다. 복음을 전할 때 절대로 소심하게 전하지 마십시오. 바울이 디모데에게 편지하면서 이렇게 말했습니다. **"하나님께서 우리에게 주신 것은 두려워하는 영이 아니라 능력과 사랑과 건전한 생각의 영이라."**(디모데후서 1:7)

두려워하지 마십시오. 하나님은 당신을 실망시키지 않으실 것입니다. 당신이 하나님을 변호할 때, 그분은 당신이 해야 할 말들을 주실 것입니다. 하나님은 준비되어 있으시고 당신과 함께 협력하여 당신을 통해 세상의 사람들을 구원하기 원하십니다.

"주의 이름을 부르는 자는 누구나 구원을 받으리라."(로마서 10:13) 얼마나 놀라운 선언입니까? 얼마나 놀라운 확신입니까?

하나님은 모든 사람들을 구원할 준비가 되어 있으시고 그분은 원하고 계십니다.

우리의 역할

> 그런즉 그들이 믿지 아니한 이를 어찌 부르리요? 듣지도 못한 이를 어찌 믿으리요? 전파하는 자가 없이 어찌 들으리요?
>
> 로마서 10:14

만약에 그들이 그분에 대해서 들어본 적이 없다면 그분을 믿을 수 없습니다. 우리는 예수님께서 자신을 위해 무엇을 하셨는지 모르는 사람들에게 예수 그리스도를 무작정 신뢰할 것을 기대할 수 없습니다. 우리는 그들에게 복음을 듣고 믿을 수 있는 기회를 주어야만 합니다. 우리는 그들에게 믿을 수 있는 기회를 주어야만 합니다. 그저 예수 그리스도의 복음을 듣기만 하는 것이 아니라 제대로 듣는 것이 중요합니다. 복음이 방송이나 라디오나 전단지나 신문을 통해서 전파되고 있다고 해서 모든 사람이 복음을 들었다고 생각하지 마십시오. 많은 불신자들이 잘못된 것들을 들었습니다.

몇 년 전에 저는 어떤 남자를 교회에 초대했지만 그는 더 이상 교회에 가지 않기로 마음을 정했다고 제게 말했습니다. 그가 마지막으로 교회에 갔을 때가 2년 전이라고 했습니다. 제가 이유를 묻자 그는 자기가 이 교회에서 저 교회로 옮겨 다니다가 결국에는 친구와 함께 어떤 교회에 가게 되었는데, 그 교회에서는 그와 그의 친구가 낯선 사람들이었기 때문에 그들을 죄인이라고 앞으로 불러냈습니다.

그들은 앞으로 불려나가 바닥에 납작 누우라고 지시를 받아 그렇게 했습니다. 그런 후 그들의 삶 속에 죄가 있기 때문에 그 죄들에 대한 용서를 하나님께 구해야 한다고 했습니다. 이것은 그들이 형벌을 받기 위해 여러 번 채찍을 맞아야 한다는 것을 의미했습니다. 그가 제게 말하기를 그의 친구는 그의 모든 죄가 제거되기를 원했기 때문에 시키는 대로 했습니다. 그래서 그 교회 사람들은 먼저 그의 친구부터 채찍질을 시작했지만 그는 친구가 다 맞고 일어나기 전에 창문으로 도망쳐 나왔습니다! 그는 자신의 죄의 문제가 해결되기 원했지만 그 매질을 견뎌내지 못할 것이라고 생각했습니다. 그날 그는 다시는 교회 예배에 참석하지 않기로 마음을 정했습니다.

이 이야기가 믿기지 않겠지만 사실입니다; 그가 들은 메시지는 그랬습니다. 기독교에 대한 그의 개념을 바꾸는 데 너무 많은 시간이 걸렸습니다. 저는 그에게 예수 그리스도는 절대로 그런 것을 의도하지 않으셨다는 것을 이해시켜야 했습니다. 많은 사람들이 참된 복음을 듣지 못했습니다. 그들은 복음과 비슷한 것을 들었을 뿐, 그들이 들은 것은 거짓말이었습니다. 거짓말은 꼭 진리의 반대일 뿐만 아니라 진리를 왜곡한 것이기도 합니다. 처음에는 진리의 방향으로 가지만 갑자기 그 길에서 벗어나는데 많은 사람들이 그것을 깨닫지 못합니다. 사도 바울이 묻습니다. **"전파하는 자가 없이 어찌 들으리요?"**(로마서 10:14)

대부분의 죄인들은 교회로 오지 않을 것입니다. 마약 중독자들은 교회로 오지 않을 것입니다. 창녀들은 낮에 쉬고 밤에 일을 하기 때문에 교회로 오지 않을 것입니다. 그들 중에 교회에 가는 사람이 한 명 있다면, 그와 같은 사람 만 명은 밖에서 미친 듯이 날뛰고 있을 것입니다. 그들의 모든 활동이 그들을 교회로 오지 못하게 합니다. 그렇다면 우리는 무엇을 해야 합니까? 하나님께서 그들을 데려오기를 기도해야 할까요? 아닙니다! 성령님께서는 우리의 심부름꾼이 아니십니다. 어떤 그리스도인들은 이렇게 기도합니다. "성령님, 그들에게 말씀하시도록 제가 성령님을 보냅니다." 누가 우두머리라고 생각합니까? 그분은 바로 빌립에게 "가서 마차에 함께 타라"고 하신 분이십니다.

하나님께서 당신의 친구에게 말씀하시도록 또는 그의 심령에게 말씀하시도록 기도하는 것을 멈추십시오. 어떤 사람들은 사울이 다소에서 개종한 것을 예로 듭니다. 그러나 그들은 다소의 사울이 아나니아라는 사람을 필요로 했다는 것을 잊습니다. 바울이 예수님을 만난 이후 하나님께서는 아나니아에게 사울을 보살피라고 하셨습니다. 하나님은 바울이 해야 할 일이 무엇인지 말해주기 위해 사람을 보내야만 했습니다. 하나님은 그분의 증인이 되어 사람들에게 그분에 대해 말해 줄 당신을 필요로 하십니다.

영혼구원의 영향력

영혼구원을 하기 시작할 때까지는 알 수 없는 하나님 안에 깊이가 있습니다. 당신이 예수님에 관한 말씀을 나누기 전까지는 당신의 시스템 안에서 풀어낼 수 없는 하나님의 왕국 안에서의 능력이 있습니다. 당신이 복음을 전파하기 전까지는 절대로 볼 수 없는 표적과 기사들이 있습니다. 당신이 복음을 전할 때에 당신은 하나님께 가장 중요한 일을 행하고 있는 것입니다. 이것은 그리스도인 친구들이 모였을 때 복음을 전하는 것이 아닙니다. 이것은 복음을 모르는 사람들에게 복음을 알게 하는 것이고 예수님에 대해서 그들이 듣지 못한 것을 들려주는 것입니다.

예수님을 나눌 때, 20년 동안의 성경공부를 통해서는 절대로 알 수 없는 특별한 방법으로 하나님을 알고 경험할 수 있습니다. 어떤 성경 학교도 하나님에 대해서 당신에게 이렇게 가르칠 수 없습니다. 이것은 하나님의 말씀을 나눌 때 경험하는 것입니다. 그분은 자신의 살아계심을 당신에게 나타내 보이십니다. 어느 누구도 하나님에 대해서 당신을 그렇게 가르칠 수 없습니다.

  이것이 바로 당신이 반드시 마차에 함께 타도록 마음을 정해야 하는 이유입니다. 아직 그렇게 하지 않았다면, 평생 영혼을 구원하기로 결단하십시오. 그리고 당신이 그렇게 할 때, 하나님의 임재가 상상할 수 없는 아주 특별한 방법으로 당신에게 올 것입니다. 그렇게 할 때 하나님께서 당신을 신뢰하고 영혼들을 맡기실 수 있습니다. 그분께서 이제 당신이 마차 안에 있는 보물을 추구하고 있다는 것을 아시기 때문입니다.

과제 1

1. 마차가 무엇인지 간략하게 설명하십시오.
   _____
   _____
   _____

2. 마차에 함께 타는 목적은 무엇입니까?
   _____
   _____
   _____

3. 하나님께서 당신이 거듭난 이후에도 당신을 이 땅에 남기신 근본적인 이유는 무엇입니까?
   _____
   _____
   _____

4. 하나님의 가장 중요한 일은 무엇입니까?
   _____

   당신의 답을 뒷받침할 수 있는 성경구절 2개를 언급해주십시오.
   _____
   _____

5. 영혼구원soul winning과 말씀을 전하는 것preaching의 차이점은 무엇입니까?

___

___

___

6. 당신의 마차는 당신을 다른 사람들과 접촉하게 하고 그러한 접촉 범위를 정해주는 인생의 운반 수단입니다. 당신의 마차를 통해서 그리스도께로 인도하기로 계획한 다섯 명의 사람들의 이름을 적으십시오.

___

___

___

7. 영혼구원을 하는 데에는 지혜가 필요합니다(잠언 11:30). 빌립의 본보기를 따라 당신이 구원하기로 계획하는 영혼들을 위해 사용할 네 가지 전략을 약술하십시오.

___

___

___

8. 로마서 10장 13-15절로부터, 사람이 영생을 얻고 구원 받기 위해 필요한 행동을 약술하십시오.

___

___

9. 당신이 복음을 증거할 사람들에게 전달해야 하는 기독교의 중요한 핵심은 무엇입니까?

   _____

   _____

   _____

10. 이 문장을 완성하십시오.

    "당신이 _____

    _____ 때까지는 알 수 없는 하나님

    안에 깊이가 있습니다."

02

하나님께서 당신을 신뢰하실 수 있습니까?

> 그때 주의 천사가 빌립에게 말하기를 "일어나서 남쪽을 향해 예루살렘에서 가자에 이르는 길까지 가라. 그 길은 사막이라." 하니 그가 일어나서 떠나더라… 그때 성령께서 빌립에게 말씀하시기를 "가까이 가서 이 마차에 함께 타라." 하시더라.
>
> 사도행전 8:26-27, 29

빌립에게 주어진 메시지는 일어나서 특정한 장소로 가라는 것이었습니다. 하나님은 오늘날도 사람들을 인도하십니다. 하나님께서는 이 세상을 아십니다. 그분은 도시 안에 있는 거리들과 도로들을 아시고 집들 안에 살고 있는 사람들도 아십니다. 그분은 당신의 집과 전화번호도 아시고 당신을 특정한 곳으로 보내실 수 있습니다.

하나님께서 빌립에게 일어나서 가라고 하셨을 때에 하나님은 빌립에게 거기서 무엇을 할 것인지 곧바로 말씀해주시지 않았습니다. 하나님은 다만 그에게 일어나라고 하셨고 빌립은 논쟁 없이 그곳으로 갔습니다. 빌립은 아브라함같이 행동하였습니다. 성경은 하나님은 아브라함을 부르셨고 그 땅이 어디인지도 말해주지 않았음에도 불구하고 그에게 일어나서 그가 상속 받을 땅으로 가라고 하셨다고 말합니다. 그리고 아브라함은 그가 어디로 가는지도 모른 채 갔습니다. 그러나 그는 믿음으로 갔습니다. 이것이 순종입니다. 하나님의 말씀에 근거하여 행동하고 하나님이 하라고 말씀하시는 것을 하는 것입니다.

또 한 번은 하나님께서 아브라함에 대한 증언을 하셨습니다. 하나님은 아브라함을 너무나 신뢰하셨기 때문에 아브라함에게 말하지 않고 소돔과 고모라를 멸망시키지 않으셨습니다. 하나님께서 말씀하셨습니다. "'**내가 그를 아나니, 그가 자기 자식들과 자기 뒤에 올 자기 집안 식구들에게 명하겠고 그들은 주의 도를 지킬 것이라.**' 하시니라."(창세기 18:19) 하나님께서는 천사가 아니라 사람에 대해서 말씀하신 것입니다!

사도행전 8장 26-40절을 보면, 하나님께서는 또한 자신이 빌립을 신뢰할 수 있다는 것을 증명하셨습니다. 빌립은 당신이 가지고 있는 구원과 똑같은 구원을 가졌던 사람입니다. 사도행전 8장 27절의 앞 부분은 **"그가 일어나서 떠나더라…"**라고 말합니다. 그는 떠났습니다. 하나님의 말씀에 근거하여 행동하는 것이 순종입니다. 하나님께서 하라고 말씀하신 것을 행하는 것입니다. 하나님께서 우두머리이십니다. 그분의 말씀에 근거하여 행동하기 전에 당신은 하나님께 "이것이 제게 어떤 유익이 되죠?"라고 물어보거나 "쉬우면 할께요."라고 말할 필요가 없습니다. 그렇습니다! 빌립에게 주어진 메시지는 "일어나서 사막으로 가라"였습니다. 그리고 빌립은 "왜 제가 가야 합니까?"라고 묻지 않았습니다. 그는 그냥 행동했습니다.

많은 사람들이 오직 그들에게 편리할 때만 하나님의 뜻을 행합니다. 그렇게 해서는 안 됩니다. 하나님께서 당신에게 무언가를 하라고 하실 때에는 그것을 하십시오. 당신이 그것을 하는 근본적인 이유는, 하나님께서 하라고 말씀하셨기 때문입니다. 이것이 우리가 하나님을 경외하는 방법입니다. 어떤 사람들은 하나님을 경외하기 위해서는 그저 두손들고 그분을 찬양하면 된다고 생각하지만 사실은 그 이상입니다. 당신은 하나님의 말씀을 행함으로 하나님을 경외합니다.

성경에 쓰여진 단어들은 매우 신중히 선택되었습니다. 하나님은 그분이 말씀하실 때에 항상 그분이 쓰시는 단어들을 신중히 선택하십니다. 성경은 그분의 신성한 생각들을 우리의 심령에 전달하시려고 하나님께서 말씀의 언어를 신중히 선택하셨다고 말합니다. 빌립을 사막으로 보내는 것은 하나님께서 계획하신 것이었습니다. 여기에서 사막이란 그저 가자Gaza 지역 자체를 말하는 것이 아닙니다. 이는 우리에게 중요한 것을 말합니다.

그가 사막과 같은 곳에 있었다는 것입니다.

하나님께서는 빠져나올 길이 없어 보이는 곳으로 그를 보내셨습니다. 아무런 도움도 받을 수 없는 곳입니다. 물도 없는 곳입니다. 그는 이렇게 생각했을 수도 있습니다. '내가 도대체 이 사막에서 뭘 하고 있는 거지?' 그러나 그는 그렇게 생각하지 않기로 선택했고, 얼마 지나지 않아, 예수님에 대해서 한 번도 들어본 적이 없는 에디오피아 사람이 예루살렘에서 예배하고 오는 길에 자기의 마차 안에 올라 탔습니다. 하나님께서는 이 사람에게, 하나님이 사랑하시는 사람, 하나님을 구하던 사람, 심령이 하나님께 울부짖고 있던 이 사람에게 빌립이 복음의 메시지를 가져올 것을 신뢰할 수 있었습니다. 그가 예수 그리스도의 복음을 듣기 전까지는 하나님께서 그를 구원하실 방법이 없으셨습니다.

어떤 그리스도인들은 '왜 하나님께서 나를 여기에 데리고 오셨을까?' 하고 의문했을 수도 있습니다. '내가 무언가 큰 일을 하려고만 하면, 하나님께서는 그만 두라고 하셔.' 그러나 빌립은 사막에서 하나님을 기다리고 있었을 때 그런 생각들을 하지 않았습니다. 그는 그곳에서 "내가 여기서 뭘 하고 있지?"라고 불평하지 않았습니다. 그렇습니다! 그는 하나님을 기다리고 있었습니다. 그는 자신에게 말했습니다. "나는 여기에 온 목적이 있어. 나는 하나님의 왕국의 계획에서 꼭 필요한 사람이야. 나는 특별한 사람이야."

당신이 특별한 사람인 것처럼 말하는 법을 배우기 전까지는 아무도 당신을 특별하다고 부르지 않을 것입니다. 당신은 자신이 누구인지 알고 스스로를 그렇게 불러야 합니다. 모세는 하나님께 물었습니다. "누가 저를 보냈다고 말해야 합니까?" 하나님께서 대답하셨습니다. "나는 곧 나이니라(I Am that I Am)." 만약 당신이 스스로 누구인지 말하지 않는다면, 사람들은 당신이 그런 사람이 아니라고 할 것입니다(If you don't say you are, people will tell you, you're not). 당신은 당신이 누구인지 말해야 합니다. 저는 데이지 오스본이 한 말을 좋아합니다. "소유하는 데 힘쓰지 말고, 그런 존재가 되는 데 힘쓰십시오. 왜냐하면 당신이 누군지에 따라 소유가 결정될 것이기 때문입니다(Work on being, not on having, because with what you are, you will have)." 당신의 소유는 당신이 누구인가에 달려있습니다. 그러므로 그런 존재가 되는 데에 힘쓰십시오.

하나님께서 당신을 신뢰하실 수 있도록 허락하십시오

그가 일어나서 떠나더라. 그런데, 보라, 에디오피아 사람, 곧 에디오피아 여왕 칸다케 휘하에서 모든 재정을 담당하는 큰 권세를 지닌 내시가 예루살렘에 경배드리러 왔다가 돌아가는데 마차에 앉아서 선지자 이사야의 글을 읽고 있더라.

사도행전 8:27-28

에디오피아 사람이었던 내시는 에디오피아 여왕 칸다케 휘하 아래서 일하는 큰 권세를 가진 사람이었습니다. 그리고 그 때에 그는 그녀의 모든 재정을 담당하고 있었습니다. 이 사람은 분명히 하나님을 알고 싶어하는 갈망이 있었고 하나님은 그의 심령을 보시고 그를 도울 누군가를 보내셨습니다. 오늘날에도 많은 사람들이 하나님을 알기 원하는 참된 갈망을 가지고 있지만 그들은 그분께 어떻게 다가가야 할지 모릅니다. 하나님께서는 그런 사람들에게 다가가기 위하여 당신을 필요로 하시며, 당신은 하나님께서 사용하실 수 있도록 당신 자신을 내어드려야 합니다(you have to make yourself available).

하나님께서는 에디오피아인 내시와 온 에디오피아가 구원받기를 원하셨습니다. 그리고 빌립은 하나님께서 사용하실 수 있도록 스스로를 내어드렸습니다. 그리고 하나님은 빌립에게 말씀하셨습니다. "누군가가 이쪽으로 오고 있다. 이 마차에 함께 타라." 그리고 빌립의 믿음의 행동과 순종으로 인하여 하나님께서는 선교의 임무를 완수했습니다. 그런 후에 성령에 의해 초자연적으로 빌립을 다른 마을로 데려가셨습니다. 그곳에서 또 다른 임무가 그를 기다리고 있었습니다. 하나님은 오직 기꺼이 자진하고 순종하는 사람들만을 사용하십니다.

하나님께서 당신에게 "가서 이 마차에 함께 타라"고 하실 때 불평하지 마십시오. 그곳에 도착하면, 당신이 하나님의 계획의 중심에 있다는 것을 깨닫고, 불평하고 싶은 느낌이 들 때에도 불평하지 마십시오. 당신은 하나님과 접촉되어 있다는 것과 그분의 영원한 공급에 연결되어 있음을 이해해야 합니다. 하나님께서 말씀하셨습니다. "네가 물들을 통과할 때도 내가 너와 함께 있을 것이며, 네가 강들을 통과할 때에도 물이 너를 덮치지 못할 것이라. 네가 불 속을 통과해서 걸을 때에도 타지 않을 것이며, 불꽃이 네 위에서 타지 못할 것이라."(이사야 43:2) 당신이 물을 통과하고 있든 불을 통과하고 있든 상관 없습니다. 그럼에도 당신은 승리하여 나올 것입니다. 이것이 믿는 자에 관한 진리입니다.

하나님께서 당신을 신뢰하실 수 있도록 허락하십시오. 우리는 아무도 다른 사람을 위해 일하기를 원하지 않는 때에 살고 있습니다. 더 이상 아무도 집을 짓고 싶어하지 않습니다. 모두가 이미 지어진 집을 찾아 그냥 걸어 들어가 차지하고 싶어합니다. 지금은 제트족jet-set의 세대이며 모두가 부요해지려고 서두릅니다. 성경은 급히 부자가 되려는 자는 죄를 면치 못할 것이라고 말합니다.(잠언 28:20) 급한 것은 하나님의 방법이 아닙니다. 하나님은 급하시지 않습니다. 그분은 최상master의 전략가이시며 최상의 계획가이십니다.

당신에게 일어날 수 있는 최고의 일은 자신이 하나님의 장소에, 하나님의 때에, 하나님의 목적을 위한 곳에 있는 것을 발견하는 것입니다. 그렇게 되면, 당신은 성공한 것입니다. 당신의 주머니 속에 돈이 있든지 없든지 상관 없습니다. 아무도 돈을 손에 움켜쥐고 태어나는 사람은 없습니다. 당신은 그 돈을 벌 수 있습니다. 당신에게 능력 주시는 그리스도를 통해 당신은 모든 것을 할 수 있습니다.(빌립보서 4:13)

여기서 가장 중요한 핵심은 "하나님께서 당신을 신뢰하실 수 있는가?" 입니다. 하나님께서는 신뢰할 수 있는 사람을 찾고 계십니다. 당신은 그분의 신뢰를 받을 수 있습니까? 당신은 하나님의 계획에 맞추어져 있습니까?

하나님의 방법을 배우십시오

하나님께서 이스라엘 자녀들이 애굽에서 430년 동안 종살이를 한 이후에 약속의 땅을 소유할 수 있도록 그들을 준비시키신 방법에 주목하십시오.

> 파라오가 백성을 가게 한 후 하나님께서는 필리스티아인의 땅의 길이 가까울지라도 그들을 그 길로 인도하지 아니하셨으니, 이는 하나님께서 말씀하시기를 "혹시 백성이 전쟁을 보면 후회하여, 이집트로 돌아갈까 함이라." 하심이라. 그러나 하나님께서는 백성을 홍해의 광야 길을 통과하도록 인도하셨으니 이스라엘 자손이 이집트 땅에서 나오면서 무장을 하고 올라가더라.   출애굽기 13:17-18

이것을 상상할 수 있습니까? 필리스티아인의 땅을 통해서 약속의 땅으로의 여정을 갔다면 며칠밖에 안 걸렸을 것입니다. 그러나 하나님께서는 그 길을 택하시지 않으셨습니다. **"하나님께서는 필리스티아인의 땅의 길이 가까울지라도 그들을 그 길로 인도하지 아니하셨으니."** 하나님은 사람들이 전쟁 때문에 후퇴하기를 원하지 않으셨습니다.

이 때에 이스라엘의 자녀들은 400년 동안 종살이를 했기 때문에 전쟁을 할 훈련이 되어 있지 않았습니다. 그들은 훈련이 필요했고 그들은 그들의 군대에 계신 하나님이 어떤 분이신지 알아야 했습니다. 하나님께서 그들을 훈련시키신 방법은 홍해의 광야 길을 통과하도록 인도하시는 것이었습니다. 매번 거의 불가능해 보이는 상황들과 마주했을 때 그들은 하나님께 울부짖었고, 그들을 위해서 기적이 일어나고 또 일어났습니다. 이 기적들을 통해서 하나님께서는 그들이 강해지도록 하였고 하나님에 대한 신뢰를 확립하셨습니다. 결국 나중에 전쟁들을 보게 되었을 때에 그들은 담대할 수 있었습니다.

하나님의 방법에는 지름길이란 없습니다. 당신은 하나님의 방법들을 이해해야 합니다. 하나님은 절대로 너무 늦지 않으십니다. 하나님을 이해하는 법을 배우고 그분과 동행하십시오. 당신의 비전을 이루는 데에 있어서 시간을 잃은 것처럼 보일 때에 하나님께서 말씀하십니다. **"내가 너희 가운데 보냈던 나의 큰 군대인 메뚜기와 자벌레와 풀쐐기와 모충이 먹었던 연수를**

내가 너희에게 갚아주리니."(요엘 2:25) 하나님은 시간의 소유자이시며 시간을 담당하시는 분이십니다.

하나님께서는 가장 가까운 길을 항상 택하시지는 않습니다. 그분은 항상 당신이 아는 길을 택하시지는 않습니다. 이럴 때 하나님과의 동행 가운데 믿음의 요소가 필요합니다. 이것이 기독교입니다. 당신이 기대했던 것과는 다른 장소에 도착할 때에 도망가지 마십시오.

하나님께서 예레미아에게 하신 말씀을 기억하십시오. **"보라, 내가 뿌리째 뽑아 내며 넘어뜨리고 멸망시키고 전복시키며 세우고 심기 위해 오늘 너를 민족들과 왕국들 위에 세웠느니라."** (예레미아 1:10) 그러므로 마귀가 세운 것이 무엇이든지 당신은 그것을 멸망시킬 수 있고 그 자리에 다른 것을 세울 수 있습니다. 하나님께서 말씀하셨습니다. "너는 나의 전쟁 도끼요 전쟁의 무기라."(예레미아 51:20) 당신은 스스로를 하나님의 말씀에 비추어 보아야 합니다. 당신이 사무실이나 회사나 직장에 들어갈 때 그곳의 상황은 바뀌어야만 합니다. 사람들이 힘 빠져 낙심하고 있을 때, 당신은 그들을 휘저어 깨워야 합니다!

야곱의 인생을 보십시오. 그는 라반을 만나기 위해 에서로부터 도망쳤고, 라반의 집에 도착했을 때 그는 아버지의 집에서 누렸던 것만큼 누리지 못할 것을 발견했습니다. 첫째로 그가 결혼하고 싶어했을 때 그는 라헬을 위해 7년간을 일할 것을 요청 받았습니다. 그게 좋지는 않았지만, 그는 라헬과 결혼하기 위해 그렇게 해야만 했습니다. 그는 아버지의 집에 있던 동안에는 모든 것에서 부요한 아브라함의 손자로 대접을 받았었습니다. 이제 그는 들판에서 양과 염소를 따라다녀야 했습니다. 왕자에게 얼마나 어울리지 않습니까? 이 사람은 위대한 이스라엘의 조상의 손자인데 아내와 결혼하기 위해서 7년간 양과 염소를 따라다녔습니다!

7년간의 일을 마쳤을 때 그는 속아서 라헬 대신 레아를 받았고, 그는 사랑하는 여자를 위해서 7년간 또 섬겨야 했습니다. 그는 포기할 수 없었습니다. 그의 품삯은 10번이나 더 안 좋게 바뀌었지만 하나님께서 그를 도우셨습니다. 하루는 그가 라반에게 가서 자신의 사정을 의논하기로 했고 라반은 그에게 이런 고백을 하며 그를 칭찬했습니다.

> 라반이 그에게 말하기를 "만일 내가 네 눈에 은총을 입었다면, 부탁하노니, 머무르라. 나는 이미 너로 인하여 주께서 나에게 복 주셨음을 경험을 통하여 배웠노라." 하고 또 그가 말하기를 "네 품삯을 정하라. 그러면 내가 그것을 주겠노라." 하더라. 야곱이 그에게 말하기를 "내가 어떻게 외삼촌을 섬겼는지, 또 외삼촌의 가축이 나와 함께 있으면서 어떻게 되었는지 외삼촌이 아시나이다. 내가 오기 전에는 외삼촌이 가진 것이 적었는데 지금은 증가하여 떼를 이루었나니, 내가 온 이후로 주께서 외삼촌에게 복 주셨나이다. 그런데 이제 나는 언제 내 집을 마련하리이까?" 하니. 창세기 30:27-30

라반은 하나님께서 야곱 때문에 자신을 축복하셨다는 것을 인정해야 했습니다. 당신이 일하는 회사에서도 그렇게 말할 수 있습니까? 당신 때문에 하나님께서 그들을 축복하셨습니까? 당신이 그곳에 있었기 때문에 그 회사가 파산했습니까? 당신은 하나님의 자녀이기 때문에 그런 일은 있어서는 안 됩니다. 당신의 회사는 당신이 그곳에 있기 때문에 그들이 축복 받았다는 것을 인정할 수 있을 정도로 축복 받아야 합니다. 만약에 일이 제대로 되지 않는다면 그곳에 머무르면서 하나님을 기다리십시오. 당신은 마땅히 축복이 되어야 하며 이미 축복 그 자체입니다!

하나님께서 아브라함에게 말씀하셨습니다. **"내가 네게 복을 주고 너는 복이 되리라."**(창세기 12:2) 당신의 인생을 되돌아 보십시오. 당신은 당신이 있는 그곳에서 축복이 되었습니까? 야곱이 그곳에 있는 것만으로도 하나님께서는 라반을 증가시키셨습니다. 재물을 얻을 수 있는 능력을 주시는 분은 오직 하나님 뿐입니다.(신명기 8:18) 당신이 들어왔을 때 상황이 어떻게 보이는지는 상관없습니다.

당신이 지금 타고 있는 마차에 타라고 하신 그 이유를, 당신이 인내하며 성취하리라고 하나님께서 신뢰하실 수 있겠습니까? 야곱은 그 일을 관두고 싶어했고 그곳을 떠나고 싶어했습니다. 그는 충분히 인내하고 속았으므로, 때가 되었습니다. 그러나 그는 하나님께서 떠나라고 지시를 내리시기 전까지 그곳에 남아 있었습니다.

마지막 날에는 많은 사람들이 그들의 직장을 잃을 것입니다. 세상에서 어려운 시기가 있을 것이지만 예수님께서 말씀하셨습니다. "기운을 내라. 내가 세상을 이겼노라."(요한복음 16:33) 이것은 예수님께서 이 세상의 시스템을 실패하게 하고 하나님의 왕국을 높이셨다는 의미입니다. 이것이 바로 당신이 하나님께서 당신을 놓으신 그 위치에 있는 것에 흥분해야 하는 이유입니다. 당신은 하나님께서 당신을 믿고 계신다는 것을 알아야 합니다.

그분이 당신을 신뢰하실 수 있도록 허락하십시오. 그분이 **"이 마차에 함께 타라"**고 하실 때에 그분이 당신을 통해 생명을 보존하시고 싶어 하신다는 것을 알고 타십시오. 이것이 당신이 마차나 인생의 운반 수단에 함께 타는 본질적인 이유입니다.

생명들을 보존하는 것 - 마차의 본질

하나님께서 이삭에게 이집트로 가지 말고 필리스티아인들의 땅에 남아있으라고 하셨습니다. 그때에 필리스티아인들의 땅에는 기근이 있었지만 하나님께서는 그것을 고려하지 말고 그 땅에 남아있으라고 하셨습니다. 그리고 성경은 그 기근의 해에 이삭이 100배의 수확을 거두었다고 말하고 있습니다. (창세기 26장) 당신의 사무실이나 당신이 일하고 있는 회사가 재정적인 어려움을 겪고 있는 것을 발견한다면 그 회사의 번영을 위해 기도하십시오. 왜냐하면 그 회사가 번영할 때에 당신도 번영할 것이기 때문입니다. 이는 이스라엘 자녀들이 낯선 땅으로 추방되었을 때 하나님께서 그들에게 하셨던 말과 똑같습니다.(예레미야 29:7)

당신이 인생의 마차 안에서 접촉하는 사람들의 생명들을 보존할 것을 하나님께서 신뢰하실 수 있겠습니까? 요셉이라는 사람을 보십시오. 그는 어렸을 때 꿈들을 꾸었습니다. 그는 해와 달과 11개의 별들이 자기에게 절하는 것을 보았고 그 꿈을 그의 가족과 나누었습니다. 성경은 그의 아버지인 야곱이 이것들을 생각하고 그의 마음에 간직했다고 말합니다. 그러던 어느 날 야곱이 요셉에게 물었습니다. "정말로 너의 어머니와 열한 명의 형제들과 내가 네 앞에 절을 할 것이란 말이냐?"

요셉이 꾼 꿈들과 아버지가 요셉을 더 좋아하는 것 때문에 요셉의 형들은 그를 미워했습니다. 그러던 어느 날 그의 아버지는 그의 형들의 안부를 확인하기 위해 요셉을 들판에 있는 형들에게 보냈습니다. 그가 형들을 발견했을 때, 그들은 요셉을 붙잡아 죽이려고 하다가 나중에는 마음을 바꿔 나그네들에게 팔아 넘겼습니다. 그 나그네들은 그를 포티발이라는 이집트 사람에게 팔았습니다. 요셉은 포티발의 노예가 되었지만 하나님은 그와 함께 하셨습니다.(창세기 37-39장)

이것이 바로 이 세상에서 당신에게 무슨 일이 일어나든지 염려하지 말아야 하는 이유입니다. 최상의 전략가이신 하나님께서 당신과 함께 하십니다. 그들이 요셉을 팔고 나서 상황은 계속 악화되었습니다. 그는 포티발에게 팔려 자기 집의 관리인으로 세워졌습니다. 하루는 포티발의 아내가 요셉과 동침하기를 원했지만 요셉은 그의 생명을 위해 달아났습니다. 포티발의 아내는 슬퍼하여 그가 자기를 강간했다고 요셉을 대적하여 거짓말을 하였습니다. 요셉은 감옥으로 보내졌습니다. 어둠 속에서 긴 13년을 보냈지만 그는 하나님을 끝까지 붙잡았습니다.

만약에 누군가가 당신을 대적하여 거짓말을 하더라도 걱정하지 마십시오. 하나님께서 아직도 그 일의 주관자이시며 모든 것이 당신을 위해 선을 이룰 것을 그분이 보증하실 것입니다. 요셉은 아브라함과 이삭과 야곱의 하나님을 신뢰하였습니다. 그리고 그 어두운 곳에서 하나님은 그에게 꿈에 대한 이해와 해석의 초자연적인 은사를 주셨습니다. 왕의 빵 맡은 관원장과 술 맡은 관원장이 감옥에 던져지고, 얼마 지나지 않아 하나님께서는 그들에게 꿈을 꾸게 하신 후 요셉에게 그 꿈에 대한 해석을 주셨습니다.

그 후에 일어난 사건들이 그의 해석을 확증하였습니다. 그 후에 왕의 술 맡은 관원장은 풀려났고 요셉은 그에게 자기를 기억해달라고 말했습니다. 술 맡은 관원장은 그렇게 하겠다고 약속했지만 그는 감옥에서 나오자마자 요셉에 대해서 즉시 잊었습니다. 이와 똑같은 상황이 오늘 당신에게도 적용될 수 있습니다.

그러나 당신이 잊혀졌을 때 당신은 여러 가지 환난과 시험들을 통과하고 있으므로 모두 기쁨으로 여기십시오. 하나님께서는 당신에게 선한 일을 행하시려고 계획하고 계십니다!

술 맡은 관원장이 풀려난지 이년이 지난 후에 하나님께서는 어느 날 밤에 파라오의 궁전 안으로 들어가셔서 그에게 꿈을 주었습니다. 그의 모든 마술사들이 그 꿈을 해석하지 못했을 때 술 맡은 관원장은 그날 요셉을 기억했습니다. 그리고 그가 요셉의 꿈을 해석할 수 있는 능력에 대해서 증언한 것 때문에 왕은 요셉을 감옥으로부터 불렀습니다.

저는, 요셉이 자물쇠 소리를 들었을 때 그날 감옥에서 나오게 될 것이라는 것을 그가 알고 있었다고 믿습니다. 왜냐하면 성경이 그가 수염을 깎았다고 말하기 때문입니다. 요셉에게 수염을 깎는 것은 매우 지혜로운 행동이었습니다. 왜냐하면 그렇게 함으로써 그는 당시 고급 장교들의 문화에 연결고리를 만든 것이었습니다. 히브리 사람들은 애도할 때 수염을 깎았지만 이집트 사람들은 몸단장을 위해서 수염을 깎았습니다.

요셉이 감옥을 나왔을 때 그는 파라오에게 그의 꿈에 대한 해석을 해주었고, 바로 그날 요셉은 이집트의 국무총리가 되었습니다. 파라오 다음으로 가장 권위가 높은 사람이었습니다!

머지않아 가나안 땅과 그 주변의 모든 나라에 기근이 들었습니다. 그러나 요셉 덕분에 이집트는 준비되어 있었습니다. 그 후에 야곱의 아들들이 곡식을 구하기 위해 이집트로 왔지만 그들은 요셉을 알아보지 못했습니다. 그들은 요셉에게 말했습니다. "주인님, 우리는 빵을 사러 왔습니다." 그리고 그 모두가 요셉에게 절하였고 요셉은 그의 꿈을 기억하였습니다. 그는 그들의 아버지에 대해서 물었고 그들은 아버지께서 아직도 살아 계시다고 말했습니다. 그 후에는 그들의 말이 진실임을 증거하기 위해 그들의 가장 어린 동생을 집에서 데리고 오라고 요구했습니다. 그들이 베냐민을 데리고 왔을 때 요셉은 형들을 속이고 베냐민을 볼모로 잡고 풀어주기를 거부했습니다. 그런 후에 그들은 바닥에 엎드려 그에게 애원하며 오래 전에 자기들의 동생(요셉)에게 잘못한 일들을 고백하였습니다. 이 모든 일이 일어나는 동안 요셉은 가슴 아파하고 있었습니다.

그때 요셉은 자기 곁에 서 있는 모든 자들 앞에서 스스로를 억제하지 못하고 소리질러 "모든 사람은 나에게서 물러가라." 하니, 요셉이 자신을 자기 형제들에게 알리는 동안 그와 함께한 자가 아무도 없더라. 그가 큰 소리로 우니 이집트인들과 파라오의 집이 듣더라. 요셉이 그의 형제들에게 말하기를 "나는 요셉이라. 내 아버지가 아직 살아 계시니이까?" 하나, 그의 형제들은 그에게 대답할 수 없었으니, 이는 그들이 그의 면전에서 불안해 함이더라. 요셉이 그의 형제들에게 말하기를 "내가 당신들에게 부탁하오니, 내게 가까이 오소서." 하니, 그들이 가까이 온지라, 또 그가 말하기를 "나는 당신들이 이집트에다 팔았던 당신들의 동생 요셉이니이다. 그러므로 당신들이 나를 이곳에 판 것을 이제는 슬퍼하거나 괴로워하지 마소서. 이는 하나님께서 생명을 보존하시려고 당신들 앞서 나를 보내셨음이라." 창세기 45:1-5

요셉의 이해를 보십시오. 그는 그가 이집트에 온 목적을 알고 있었습니다. 그래서 그의 형제들에게 이렇게 말했습니다. "하나님께서는 생명을 보존하시려고 형들이 오기 전에 나를 이곳에 보내셨습니다. 이것이 제가 그 이집트 사람에게 팔린 이유입니다. 이것이 제가 포티발의 집으로 팔려나간 이유입니다. 저는 소망을 포기하지 않았습니다. 포티발의 집에서 나는 감옥으로 왔고 상황은 안 좋았지만 저는 그래도 소망을 포기하지 않았습니다. 감옥에서 하나님께서 제가 낭비한 해들을 회복해주셨습니다."

이것을 알고 있는 한 그는 복수를 할 필요가 없었습니다. 그는 자신이 하나님의 손 안에 있음을 인정하였습니다.

당신은 자신이 하나님의 손 안에 있다고 보십니까? 아니면 당신의 인생이 사람의 손에 달려있다고 생각하십니까? 당신은 자신에 대해서 어떻게 생각하십니까?

당신은 오늘날 당신의 성공이 오직 사람들의 도움 덕분이라고 생각하십니까? 아니면 하나님의 손이 당신을 위해 일하시고 있다는 것을 깨달았습니까? 하나님께서 당신을 인도해주시는 분이라는 것을 믿을 수 있을 만큼 당신은 인생을 하나님께 믿고 맡기셨습니까? 당신의 삶을 그리스도께 드렸을 때 얼마나 진심이었습니까? 그분이 당신의 삶의 주가 되십니까? 만약에 그분이 당신의 삶의 주님이시라면 안심하십시오. 그분이 당신을 돌보실 것입니다.

마태복음 8장 23-26절이 아주 흥미로운 이야기를 기록하고 있습니다. 예수님께서 제자들과 배를 타고 있는 동안에 배의 뒤편에서 주무시고 계셨습니다. 바다에 큰 폭풍우가 일어나 물이 배 안으로 흘러 들어오기 시작했습니다. 이 상황이 제자들을 겁먹게 하였고 그들은 예수님을 깨워 물었습니다. "주인님, 우리가 죽어도 상관 안 하십니까?"

예수님께서 대답하셨습니다. "오, 너희 믿음이 적은 자들아, 왜 의심하느냐?"

예수님께서 이렇게 말씀하신 이유는 온 우주만물의 하나님이 그 배 안에 있음을 제자들이 알 것을 기대하셨기 때문입니다. 그분이 그곳에 있기 때문에 그 어떤 거친 폭풍우도 배를 가라앉힐 수 없었습니다.

오늘 당신의 배 안에 누가 타고 있습니까? 당신이 어떤 상황에 있든지 하나님께서 당신을 그곳으로 데리고 오신 계획이 무엇인지 항상 주의를 기울이십시오. 하나님께서 선택 받은 민족의 보존을 요셉에게 믿고 맡기신 것처럼, 당신이 다른 사람들을 예수님에 대해 알 수 있도록 데리고 올 것을 하나님께서 신뢰하실 수 있으시겠습니까?

사도행전 27장에 나타나 있는 바울의 삶을 보십시오. 그는 체포되어 로마로 붙잡혀 갔습니다.

이제 여러 날이 지났고 금식하는 절기가 이제 이미 지났으므로 이제 항해하기가 위태로워진지라, 바울이 그 사람들에게 권고하여 말하기를 "여러분, 내가 보니 이번 항해에 화물과 배뿐만 아니라 우리 생명에도 상당한 손실과 피해가 있으리라."고 하나 백부장은 바울이 말한 것보다는 선장과 선주의 말을 더욱 믿더라. 여러 날을 먹지 못한 뒤에 바울이 그들 가운데 서서 말하기를 "여러분, 여러분이 내게 경청하고 크레테를 떠나지 아니하였으면 이와 같은 타격과 손실을 입지 아니하였으리라. 이제 내가 여러분에게 권하는 것은 기운을 내라는 것이라. 여러분 가운데 생명에는 아무런 손상이 없을 것이요, 단지 배만 상하게 될 뿐이라."   사도행전 27:9-11, 21-22

이 얼마나 놀라운 선언입니까? 당신은 커다란 회사의 주인이 모든 것을 잃어버려서 우는 것을 본 적이 있습니까? 이 사람은 그 일을 위해 훈련 받고 그 일에 있어서 전문가였음에도 불구하고 이제 모든 것이 망해가고 있습니다. 빚은 너무 많아 갚을 수도 없습니다. 그는 곤경에 처해 있고 회사는 파산할 지경입니다. 그는 회사에서 나와 파산 서류를 제출하고 싶어합니다. 그러나 무슨 일이 일어납니다. 하나님께서 그분의 자녀된 그리스도인인 당신을 그곳에 보내십니다. 그리고 당신이 그 사람에게 말합니다. "사장님, 당신 스스로에게 아무런 해를 끼치지 마십시오. 모든 것이 잘 될 것입니다." 그는 그 말을 믿지 않을지도 모릅니다. 왜냐하면 우리는 감각이 주관하는 세상에 살고 있기 때문입니다. 그 사람은 차라리 회계사의 보고를 믿을 것이고 상황은 더 악화될 것입니다. 그러나 당신이 가지고 있는 하나님께로부터 온 말씀을 그 사람이 믿도록 하나님께서 도우시길 바랍니다. 사도 바울이 말했습니다. "이제 내가 여러분에게 권하는 것은 기운을 내라는 것이라. 여러분 가운데 생명에는 아무런 손상이 없을 것이요, 단지 배만 상하게 될 뿐이라."(사도행전 27:22) 그에게 전달된 메시지로 인해 바울은 매우 담대하게 말했습니다.

> 내가 속해 있고 또 내가 섬기는 하나님의 천사가 간밤에 내 곁에 서서 말하기를 "바울아, 두려워 말라. 네가 반드시 카이사 앞에 서야 하리라. 그러므로, 보라, 하나님께서는 너와 함께 항해하는 모든 사람들을 너에게 주셨느니라."고 하였느니라. 그러므로 여러분이여, 기운을 내라. 나는 하나님을 믿나니 나에게 말씀하신 그대로 되리라. 사도행전 27:23-25

배에 타고 있던 모든 사람들이 두려워하였지만 바울은 밤 중에 천사가 그에게 가지고 온 메시지를 그들에게 말해주었습니다. 이 사람은 체포된 사람이었습니다. 그러나 그는 그 배 안에서 누가 자기와 함께 항해하고 있는지를 알았습니다. 그는 하나님의 말씀대로 그들에게 약속하였고 그들은 다친 사람 없이 모두 구조되었습니다. 이 일은 그가 '사도 바울'이었기 때문에 일어난 일이 아닙니다. 그가 하나님의 말씀에 세워져 있었기 때문입니다. 그는 하나님의 말씀 안에 계속 거했습니다.

하나님께서는 오늘 당신의 마차 안에 있는 당신에게 무엇을 기대하십니까? 당신은 자신을 그분께 의탁할 만큼 그분을 신뢰하십니까? 그분은 말씀하십니다. "보라 내가 너를 내 손바닥에 새겼으니 이는 주의 눈은 온 땅을 두루 살피시어 자신을 향하여 마음이 온전한 자들을 위하여 자신이 강함을 보이심이니이다." (이사야 49:16; 역대하 16:9)

하나님은 당신을 신뢰하십니다!

하나님께서 우리를 신뢰하셨습니다. 그분은 우리가 복음을 듣는다면 그분의 말씀을 믿을 것이라고 믿으셨고, 우리는 그렇게 하였습니다. 그분은 또한 우리에게 화해의 사역을 맡기셨습니다. 우리가 해야 할 일은 오직 하나님의 꿈을 붙잡고 일하는 것입니다. 들판은 추수 때가 되어 하얗게 되었는데, 당신은 무엇을 기다리고 있습니까?

과제 2

1. 그리스도인이 하나님에 대한 순종을 어떻게 나타낼 수 있는지 설명하십시오.
   _____
   _____
   _____

2. 빈칸을 답으로 채우십시오.
   "하나님께서는 오직 _____ 하고 _____ 하는 사람들을 사용하신다."

3. 당신이 마차나 인생의 운반 수단에 함께 타는 것의 본질은 무엇입니까?
   _____
   _____
   _____

4. 하나님께서는 빌립을 메마르고, 음식도 없고, 물도 없고, 어떤 형태의 도움도 없는 사막으로 보내셨습니다. 단지 그곳에 있는 누군가가 구원을 받아야 했기 때문입니다! 이것은 죄인을 향한 하나님의 성품과 태도에 대해서 무엇을 나타냅니까?

5. 창세기 45장 1-5절에 의하면 이집트에 있는 요셉의 목적은 무엇이었습니까?

6. 이것이 마차 안에서의 당신의 목적과 어떤 연관이 있습니까?

7. 당신의 마차 안에서 하나님께서 당신과 함께, 그리고 당신을 통해 일하실 수 있도록 하나님의 신뢰를 받기 위해서 당신이 해야 할 일은 무엇입니까? 이 장에서 공부한 것에 근거하여 약술하십시오.

8. 야곱과 라반의 관계와 야곱이 라반의 집에 거하는 것의 효과에 의하면, 당신이 일하는 곳에 당신이 있는 것으로 인해 어떤 일이 일어나야 합니까?
   _____
   _____
   _____
   _____

9. 빈칸을 답으로 채우십시오.
   "하나님께서 당신에게 _____
   _____ 을 맡기셨습니다."

03

당신은 하나님의 파수꾼입니다

주의 말씀이 다시 내게 임하여 말씀하시니라. 인자야, 네 백성의 자손들에게 고하여 그들에게 말하라. 내가 한 땅에 칼을 가져올 때 그 땅의 백성이 그들의 지경에서 한 사람을 택하여 그들의 파수꾼으로 세워 그가 칼이 그 땅에 임하는 것을 보고 나팔을 불어 백성에게 경고하였는데 누구든지 나팔 소리를 듣고 경고를 취하지 아니하여 그 칼이 그에게 임하여 그를 제거하였으면 그의 피는 그 자신의 머리로 돌아갈 것이라. 그가 나팔 소리를 듣고 경고를 받아들이지 아니하면 그의 피는 그의 머리로 돌아갈 것이나 그 경고를 받아들이는 자는 그의 생명을 구할 것이라. 그러나 그 파수꾼이 칼이 임하는 것을 보고서도 나팔을 불지 않아 백성들이 경고를 받지 못하여 칼이 임하여 그들 가운데 어떤 사람을 제거하게 되면 그는 그의 죄악 중에서 제거되지만 그의 피는 내가 파수꾼의 손에서 구할 것이니라. 그러므로 오 너 인자야, 내가 너를 이스라엘 집에게 파수꾼으로 삼았으니 너는 내 입에서 말을 듣고 나로부터의 경고를 그들에게 전하라. 내가 악인에게 말하기를 "오 악인아, 너는 반드시 죽으리라." 하였을 때 만일 네가 악인에게 그의 길에서 떠나도록 경고하여 말하지 아니하면 그 악인은 그의 죄악 중에서 죽을 것이나 그의 피는 내가 네 손에서 구할 것이라. 그러나 네가 그 악인에게 그의 길에서 돌아서도록 경고하였는데도 그가 그의 길에서 돌아서지 아니하였다면 그는 그의 죄악 가운데서 죽을 것이나 너는 네 혼을 구했느니라. 에스겔 33:1-9

악한 사람(불신자)은 그의 죄악 가운데서 죽을 것이지만 하나님은 죄인의 피를 파수꾼에게 구할 것이라고 하셨습니다. 파수꾼은 누구입니까? 하나님의 말씀을 들은 자가 하나님의 말씀을 듣지 못한 사람의 파수꾼입니다. 당신은 당신의 세계에서 하나님의 파수꾼입니다. 왜냐하면 하나님의 말씀이 당신에게로 왔기 때문입니다.

의의 면류관

바울은 좋은 파수꾼이었습니다. 그가 에베소의 교회를 떠나

예루살렘으로 가려고 할 때에 그는 교회의 장로들을 불러 그들에게 말했습니다.

> 그들이 그에게 오므로 그들에게 말하기를 "너희는 내가 아시아에 온 첫날부터 내가 언제나 어떻게 너희와 함께 지내 왔는지를 아느니라. 나에게 가해진 유대인들의 계략으로 인하여 온갖 마음의 겸손과 많은 눈물과 시련으로 주를 섬겼노라. 너희에게 유익한 것은 무엇이나 숨겨두지 않고 보여 주었으며 또 집집마다 다니며 너희에게 드러나게 가르쳤으니 유대인과 또한 헬라인에게도 하나님께 대한 회개와 우리 주 예수 그리스도에 대한 믿음을 증거하였노라. 이제 보라, 내가 너희 가운데 왕래하며 하나님의 나라를 선포하였으나 너희 모두가 더 이상 나의 얼굴을 보지 못하게 될 줄을 내가 아노라. 그러므로 내가 오늘 너희에게 증거하노니 모든 사람의 피로부터 내가 깨끗하니." 　　　　사도행전 20:18-21, 25-26

바울은 그가 모든 사람의 피로부터 깨끗하다고 선언했습니다. 그가 이 말을 했을 때 그는 무엇을 의미했을까요? 그는 하나님께서 자신을 자신의 세계에 있는 사람들을 담당한 파수꾼으로 만드셨다는 것을 알고 있었습니다. 그의 접촉 범위 안에 있는 사람들에게 말입니다. 바울이 자신이 모든 사람들의 피로부터 깨끗하다고 말했을 때 그는 세상의 모든 사람들에 대해서 말하는 것이 아니었습니다. 왜냐하면 세상의 모든 사람들이 자기에게 맡겨진 것이 아니었기 때문입니다. 그에게 맡겨진 사람들은 그가 접촉하는 범위 내에 있는 사람들이었습니다. 어디든 하나님께서 그를 보낸 곳에서 그가 연락하고 대화하고 만날 수 있는 모든 사람들이었습니다.

이는 당신의 세계에서도 똑같이 적용됩니다. 당신의 세계는 당신이 접촉하는 범위 안에 있습니다. 하나님께서는 당신을 당신의 세계의 파수꾼으로 임명하셨습니다. 당신의 세계에 있는 모든 사람들의 피로부터 당신은 깨끗합니까? 당신이 천국에 이를 때에 모든 사람들의 피로부터 깨끗한지 알게 되는 것이 아닙니다. 바울은 천국에 있지도 않았는데 이런 선언을 했습니다. "나는 모든 사람들의 피로부터 깨끗하다." 그는 아직 이 땅에 남아있음에도 불구하고 담대히 말할 수 있었습니다.

당신이 모든 사람들의 피로부터 깨끗하기 위해서는 반드시 복음을 전해야 합니다. 당신은 반드시 나사렛 예수 그리스도에 대해서 아직 전해지지 않은 이야기를 전해야 합니다. 당신은 그들로 하여금 반드시 하나님의 구원 계획을 알게 해야 합니다. 이것은 모든 그리스도인에게 의무입니다.

하나님께서는 사도 바울의 손에 복음을 전달했습니다. 그리고 이번에는 바울이 하나님의 말씀을 그들에게 전달했기 때문에 바울은 "내가 아무것도 숨기지 않았고 나는 모든 사람들의 피로부터 깨끗하다."라고 말할 수 있었습니다. 그의 삶이 끝나갈

즈음에 바울은 디모데에게 편지를 쓰면서 말했습니다. "내가 선한 싸움을 싸우고 달려갈 길을 마치고 믿음을 지켰으니 이후로는 나를 위하여 의의 면류관이 마련되어 있어 의로운 재판관이신 주께서 그 날에 그것을 내게 주실 것이며 또 나뿐만 아니라 그의 나타나심을 사모하는 모든 사람에게도 주실 것이라." (디모데후서 4:7-8)

당신이 있는 곳에서 말씀을 전하십시오!

성경은 **"너는 말씀을 전파하라. 때를 얻든지 못 얻든지 항상 대비하라…"**(디모데후서 4:2)라고 말합니다. 당신이 말씀을 전할 기분이 들 때나 들지 않을 때나 말씀을 전하십시오. 이것은 사명vocation입니다. 당신이 실천하고 싶은 기분이 들 때만 실천하는 것이 아닙니다. 왜냐하면 많은 경우 당신은 실천할 기분이 들지 않을 것이기 때문입니다. 하나님께서는 그분의 자녀들이 다른 사람들의 영혼을 구원하는데에 동역자가 되기를 원하십니다. 단지 당신의 사명이기 때문만이 아니라, 하나님의 사랑이 우리를 설득시키기 때문입니다.

어떤 사람들은 이렇게 말할지도 모릅니다. "만약 내게 기름부음이 온다면 그 때 전해야지." 그렇게 해서는 절대로 전하지 못하게 될 것입니다. 왜냐하면 기름부음이 이미 그들에게 왔지만,

그들은 그것을 모르기 때문입니다. 하나님께서는 이미 당신을 보내셨고 당신에게 기름을 부으셨습니다! 또 다른 징조나 또 다른 메시지를 기다리지 마십시오! 거룩한 성경에 기록된 것을 순종하지 않는 사람은 천국에서 음성이 들리더라도 절대로 순종하지 않을 것입니다.

모세는 사람들에게 말했습니다. "그것은 하늘에 있는 것도 아니니, 네가 말하기를 '누가 우리를 위하여 하늘에 올라가서 그것을 우리에게로 가져와 우리로 그것을 듣고 그것을 행하게 하랴?' 할 것이 아니며, … 오히려 그 말씀은 네게 아주 가까워 네 입에 있고…"(신명기 30:12-14)

바울은 똑같은 것을 되풀이 하며 말했습니다. "…네 마음에 '누가 하늘에 올라갈 것인가?' 하지 말라. 하였으니 (그것은 그리스도를 위로부터 모셔 내리려는 것이요.) 또한 '누가 깊은 곳으로 내려갈 것인가?' 하지 말라. 하였으니 (그것은 그리스도를 죽은 자들로부터 다시 모셔 올리려는 것이라.) 그러나 그것이 무엇을 말하느냐? '말씀이 네게 가까워 네 입에 있으며 네 마음에 있노라.' 하였으니 곧 우리가 전파하는 믿음의 말씀이라." (로마서 10:6-8)

복음을 전하는 것은 모든 하나님의 자녀들에게 의무적인 것입니다. 당신이 복음을 전하지 않는다면, 하나님께서는 당신 주변에 있는 사람들의 피를 당신의 손에서 찾을 것입니다.

당신은 당신의 직장동료들의 피로부터 깨끗합니까? 당신은 통근 길에 당신과 같은 차를 타는 모든 사람들의 피로부터 깨끗합니까? 아니면 버스 안에서 복음을 전하는 것은 멋있어 보이지 않는다고 생각하십니까? "오, 하나님, 저를 중국으로 보내주십시오."라고 기도하는 남자가 사람이 가득 찬 버스 안에서도 예수 그리스도에 대해서 전하지 않는 것을 생각해 보십시오. 이 남자는 중국에 영원히 가지 못하게 될지도 모릅니다! 아니면 다른 사람은 이렇게 기도할지도 모릅니다. "하나님, 만약에 제게 돈을 주신다면 저는 사람들이 복음을 듣게 될 것을 보증합니다. 저는 기독교 전도집회를 위한 신문사와 방송국을 갖게 될 것을 믿습니다."

당신이 지금 있는 그곳에서 복음을 전하기 시작하기 전까지는 그것을 갖지 못하게 될 수도 있습니다. 당신이 있는 그곳에서 복음을 전하기 시작한 후에야 당신이 중국에 가서 복음을 전할 수 있고 출판사를 통해 복음을 전할 수 있습니다. 예수 그리스도의 복음은 선택사항이 아니며 권고사항도 아닙니다. 이것은 하나님께서 믿게 될 모든 자들을 구원하실 수 있는 유일한 길입니다. 그리고 우리가 이런 결심을 하지 않는 한, 우리가 마땅히 전해야 하는 방식으로 복음을 전하지 못하게 될 것입니다.

모든 믿는 자의 사역

많은 사람들이 복음은 강단에서 전해져야 하는 것이라고 생각합니다. 이것은 진리가 아닙니다. 성경은 에베소서 4장 11-12절에서 말합니다.

> 그가 어떤 사람들은 사도로, 어떤 사람들은 선지자로, 어떤 사람들은 복음 전도자로, 어떤 사람들은 목사와 교사로 주셨으니 이는 성도들을 온전케 하며 섬기는 일을 하게 하고 그리스도의 몸을 세우게 하여

교회에 주어진 이 다섯 가지 사역의 은사들은 성도들을 온전케 하며 섬기는 일을 하게 하기 위해 주어진 것이지 세상을 위해 주어진 것이 아닙니다. 하나님께서는 이들을 세상으로 보내기 위해서 그들에게 다섯 가지 사역의 은사들로 기름부으신 적도 없고 앞으로도 그렇게 하시지 않으실 것입니다. 당신이 하나님의 자녀가 된 순간 당신은 영생을 갖게 되었고 성령충만 받았고 그분의 부활의 증인이 되었습니다. 당신은 영생의 증인이 되었고 '복음을 전하는 자'이자 증거를 제공하는 자가 되었습니다. 이것이 당신의 임무입니다. 성경은 "하나님께서 그리스도 안에 계셔서 세상을 자신과 화해하게 하시며 그들의 죄과를 그들에게 돌리지 아니하시고 우리에게 화해의 말씀(사역)을 맡겨 주신 것이라."(고린도후서 5:19)라고 말합니다.

모든 그리스도인은 화해의 사역을 가지고 있습니다. 이것은 사람에게 주어질 수 있는 사역들 중에 가장 위대한 사역입니다.

그리스도께서 이 사역을 가지고 오셨습니다. 성경은 회개가 필요 없는 아흔아홉 명의 사람들보다 한 죄인이 회개할 때 천국에 더 많은 기쁨이 있다고 합니다. 그렇습니다! 부흥을 필요로 하는 의로운 아흔아홉 명의 사람들보다 말입니다! 예수 그리스도의 복음은 구원할 수 있는 하나뿐인 능력입니다.

죄인들은 교회에 가지 않습니다

출애굽기 3장은 이스라엘의 자녀들이 이집트에서 파라오의 감독들의 채찍질 아래에서 종살이를 했다고 기록합니다. 그들은 고통 받고 있었고 400년이 지난 후에도 그들은 여전히 그곳에 있었습니다. 그 후에 하나님께서 모세라는 사람 앞에 불타는 가시덤불로 나타나셔서 그를 부르며 말씀하셨습니다. **"그러므로 이제, 보라, 이스라엘 자손들의 부르짖음이 내게 미쳤으며 또 이집트인들이 그들을 압제하는 그 압제를 내가 보았으니, 그러므로 이제 오라, 내가 너를 파라오에게 보내고 너로 하여금 내 백성 이스라엘 자손들을 이집트에서 데리고 나오게 하리라."** (출애굽기 3:9-10)

이 얼마나 놀라운 임무commission입니까! 모세는 이집트에 살았었고 이집트가 그 때에 세상을 다스리고 있었기 때문에 지상에서 가장 위대한 제국임을 알고 있었습니다. 그러나 하나님께서 무기도 군대도 없는 모세에게 말씀하셨습니다. 사람들을 이집트에서 나오게 하기 위해서는 하나님의 능력이 필요하다는 것을 모세는 알고 있었습니다. 그러나 모세는 이 기적이 어떻게 일어날지 의문했기 때문에 하나님께 표적을 보여주시기를 구했습니다.

하나님께서 그에게 물었습니다. "네 손 안에 무엇을 가지고 있느냐?" 그리고 그는 "막대기입니다."라고 대답했습니다.

하나님께서 말씀하셨습니다. "그것을 땅에 던져라."

성경은 말합니다. **"그가 그것을 땅에 던졌더니 그것이 뱀이 된지라."**(출애굽기 4:3) 그리고 하나님께서는 손을 내밀어 그 꼬리를 잡으라고 하셨고, 모세가 꼬리를 잡았더니 그것이 다시 막대기가 되었습니다. 하나님께서 모세에게 해야 할 말을 다 마치셨을 때, 성경은 **"모세가 손에 하나님의 막대기를 가졌더라"** (출애굽기 4:20)라고 말합니다. 하나님의 임재가 그 막대기에 임했기 때문에 그 막대기가 하나님의 막대기가 되었습니다. 무엇이든지 하나님의 임재 가운데로 들어오게 되면 그것은 거룩해집니다. 그 막대기는 하나님의 임재로 거룩해졌고 하나님의 기름부음이 그 위에 임했습니다. 이런 일은 오늘날에도 여전히 일어납니다.

"그러므로 이제 오라, 내가 너를 파라오에게 보내고 너로 하여금 내 백성 이스라엘 자손들을 이집트에서 데리고 나오게 하리라." 하시니라. 모세가 하나님께 말씀드리기를 "내가 누구기에 파라오에게 가며, 이집트에서 이스라엘 자손들을 데리고 나올 수 있으리이까?" 하니.　　　출애굽기 3:10-11

이것은 오늘날에도 많은 사람들이 묻는 질문입니다. 하나님께서 당신에게 자기를 위해 가서 무엇을 하라고 하시면 "제가 누구이기에?"라고 의문하십니까? 하나님께서 누군가를 보내실 때에는, 그분이 이루기 원하는 일을 행할 수 있기 위해 기적이 필요한 사람을 보내십니다. 하나님께서는 혼자서는 해낼 능력이 없는 사람을 보내십니다.

모세가 물었습니다. "제가 누구이기에 파라오에게 가서 이집트에서 이스라엘의 자손들을 데리고 나오겠습니까?" 그러나 하나님께서는 그를 위한 대답을 가지고 계셨습니다. **"내가 반드시 너와 함께 하리니…"**(출애굽기 3:12) 그리고 당신이 필요한 것은 오직 그것 뿐입니다. 하나님께서는 "내가 반드시 네게 군대를 보내겠다."나 "내가 반드시 네게 충분한 칼들과 말들을 보내겠다."라고 하지 않으셨습니다! 그분은 이렇게 말씀하셨습니다. **"내가 반드시 너와 함께 하리니, 이것이 내가 너를 보낸 표가 되리라. 네가 이집트에서 그 백성을 데리고 나오면 너희가 이 산에서 하나님을 섬길 것이니라."**(출애굽기 3:12)

그들이 이집트에서 빠져 나오기 전까지 이스라엘의 자손들은 그 산에서 하나님을 섬길 수 없었습니다. 이것은 매우 중요합니다. 때로 우리는 사람들로 하여금 산에서 하나님을 섬기도록 강요하기를 원합니다. 그러나 그들은 이집트에서 빠져 나오기 전까지는 산에서 하나님을 섬길 수 없습니다. 이집트는 세상을, 산은 경배의 장소를 상징합니다. 그들을 이집트에서 데리고 나오는 것이 모세의 사역이었습니다. 그는 이스라엘의 자손들을 위한 복음의 메시지를 가지고 있었고, 그 복음은 파라오의 감독들의 채찍질로부터 자유롭게 되는 것이었습니다.

모세가 산에서 내려왔을 때 그는 사람들에게 가서 말했습니다. "안녕하세요. 우리는 속박으로부터 빠져 나오고 있습니다." 그 사람들은 속으로 이렇게 생각했을 것입니다. '우리는 이렇게 400년이나 살았는데 아무런 좋은 소식도 없었어.' 그러나 하나님께서 말씀하셨습니다. "내가 좋은 소식을 가지고 있다. 너희는 해방 될 것이다!" 그리고 모세는 그들을 데리고 나왔습니다. 그리고 그가 이렇게 하기 전에는 아무도 하나님을 산에서 섬길 수 없었습니다. 왜냐하면 그들은 해방이 필요했고 그 해방은 그들이 듣는 좋은 소식 안에 있는 것이었습니다. 아직 이집트에 있는 사람들은 하나님을 산에서 섬길 수 없음을 이해해야 합니다. 다시 말하면, 죄인들은 교회로 가지 않습니다.

당신이 거듭나지 않은 친구를 교회에 초대했을 때 그 친구가 왔을 수도 있겠지만, 요점은 그것이 아닙니다. 일반적으로, **죄인들은 정상적인 활동으로 교회에 가지 않습니다.** 그런 사람들이 대성당을 가득히 채웠다 하더라도 그들이 자신의 죄를 감출 수 있기 때문에 하나님의 기름부음은 그곳에 없습니다. 그들은 종교를 가지기 위해서 어디든지 갈 수 있습니다. 마귀는 이미 당신을 묶어 놓았기 때문에, 당신이 종교를 갖든지 말든지 상관하지 않습니다. 그는 당신이 성령님을 받지만 않는다면 상관하지 않습니다. 슬프게도 그는 성령을 받은 많은 사람들도 묶어 놓았습니다. 당신이 그리스도인의 임무에 대해서 '광적으로' 반응해 자신이 받은 복음을 전하지 않는 이상 그는 당신과 화평합니다.

우리는 복음을 증거할 수 있는 능력을 받았습니다

그리스도인의 복음 사역은 잃어버린 자들을 구원하는 것입니다. 당신이 예수 그리스도를 마음에 영접하는 즉시 당신이 해야 하는 일은 성령충만을 받는 것입니다. 성령충만을 받은 이후에 "저는 마음을 정해야 해요."라거나 "나가기 전에 먼저 가르침이 좀 필요해요."라고 말하며 기다리지 마십시오. 당신이 해야 할 다음 일은 이것을 당신의 입으로 전하는 것, 말하는 것입니다! 성경은 사도 바울이 성령충만을 받은 즉시 이렇게 했다고 말합니다. **"그가 곧바로 회당에서 그리스도를 전파하여 그분이 하나님의 아들이라고 하더라."**(사도행전 9:20)

진정한 성령충만의 증거는 방언으로 말하는 것이 아닙니다. 물론 당신은 방언을 말해야 하지만 (저도 매일 방언으로 말하고 노래합니다) 그러나 그것은 성령충만을 받은 결과에 불과합니다. 성령충만을 받은 성경적 표적과 증거는 방언을 말하는 것이 아니라 영혼구원, 즉 능동적인 전도입니다! 이것이 진정한 성령충만의 증거입니다. 예수님께서 사도행전 1장 8절에 말씀하셨습니다.

"'그러나 성령께서 너희에게 임하시면 너희가 능력을 받으리니 그러면 예루살렘과 온 유대와 사마리아와 땅 끝까지 이르러 내게 증인이 되리라.' 고 하시니라."

저는 가끔 어떤 그리스도인들이 정말로 성령충만을 받았는지 궁금합니다. 왜냐하면 성경에서 성령충만을 받은 모든 사람들은 하나님의 말씀을 담대하게 전했기 때문입니다. 성령충만의 결과는 하나님의 말씀을 말하는 것이었고, 이는 죄인들의 회심이라는 결과를 낳았습니다. 기독교 안에 전도가 없다면 기독교는 하나님과 아무런 상관이 없습니다. 여기에 복음을 들은 사람이 있습니다. 말로는 복음이 자신의 인생을 바꿨다고 하지만 그는 복음을 나누려고 하지 않습니다. 그렇다면 복음이 진짜로 그의 삶을 바꾸지는 못한 것입니다! 간증을 가지고 있으면서 어떻게 나누지 않을 수 있습니까? 당신은 하나님께서 당신을 구원했다고 선언하면서 다른 사람들에게 그것을 전하지 않을 수는 없습니다. 무언가가 분명히 잘못된 것입니다!

하나님께서 그리스도인들을 이 세상에 남기신 이유

사역은 교회 안에 있는 것이 아닙니다. 교회 안에서 일어나는 일은 하나님의 사람들을 보다 더 나은 증인들로 만들기 위한 사역입니다. 하나님께서 우리가 구원 받은 이후에 우리를 이 땅에 남기신 이유는 우리로 그분의 증인이 되게 하기 위함입니다. 그저 우리가 영적으로 더 깊어지고 우리끼리 교제하고 서로를 사랑하기 위한 것이 아닙니다. 우리는 서로의 주소도 알고 서로 알아보지만, 새로운 사람이 들어오기만 하면 그가 침입자임을 깨닫게 하려고 똘똘 뭉칩니다.

어떤 사람들은 이렇습니다. 그들은 배타적인 소집단을 가지고 새로운 사람들을 그 안으로 받아들이지 않습니다. "우린 다섯 명뿐이고 우리는 기도의 군사들(중보자들)이야. 우리는 서로를 사랑하고 서로를 방문해." 그리고 다섯 명이 같이 있을 때 여섯 번째 사람이 도착하면 그들은 토의를 멈춥니다. 침입자가 들어왔으므로, 그들은 그가 떠날 때까지 웃지 않습니다. 그는 불친절한 얼굴들을 보기 때문에 떠날 수 밖에 없습니다. 당신은 그저 자신의 소집단을 형성하는 것이 행복하십니까?

기억하십시오. 예수님께서는 천국에 충분한 소집단들을 가지고 계셨음에도 불구하고 이곳으로 내려 오셨습니다. 그분은 충분한 교제를 갖고 계셨음에도 불구하고 우리를 위해서 오셨습니다. 그분은 교제에 굶주리셔서 이곳에 오신 것이 아닙니다.

그분은 교제가 부족했기 때문에 오신 것이 아닙니다. 그분은 우리를 포함시키길 원하셨을 뿐입니다. 하나님께서 천국에 계실 때 교제에 굶주려 있었다고 생각하지 마십시오. 우리는 하나님께서 천국에서 너무 외로우셔서 혼자서 위로갔다가 내려왔다가 하시면서 "사람을 우리의 형상대로 만들자"라고 하셨다고 가르침 받지 않았습니다. 그분이 누구에게 말씀하고 계셨는지 의문해 본 적이 있습니까? 하나님께서 자신에게 말씀하신 것이라고 생각하십니까? 아닙니다. 그분은 동행이 있었습니다. 하나님께서는 항상 행복하셨습니다. 영원에서 영원토록 그분은 하나님이십니다. 하나님께서는 시작도 없으셨기 때문에 교제에 굶주려 계시지 않으셨습니다. 그분이 원한 것은 오직 우리를 포함시키는 것뿐이었습니다. 이와 같은 생각으로 무장하고 다른 형제들과의 교제에 마음을 여십시오.

하나님께서 기능하시는 방식을 이해하십시오

그때 주의 천사가 빌립에게 말하기를 "일어나서 남쪽을 향해 예루살렘에서 가자에 이르는 길까지 가라. 그곳은 사막이라." 하니 그가 일어나서 떠나더라. 그런데, 보라, 에디오피아 사람, 곧 에디오피아 여왕 칸다케 휘하에서 모든 재정을 담당하는 큰 권세를 지닌 내시가 예루살렘에 경배드리러 왔다가 돌아

가는데 마차에 앉아서 선지자 이사야의 글을 읽고 있더라. 그 때 성령께서 빌립에게 말씀하시기를 "가까이 가서 이 마차에 함께 타라." 하시더라. 사도행전 8:26-29

누군가가 "나는 성령님께서 빌립에게 주신 것같은 구체적인 지시가 필요합니다." 혹은 "성령님께서 내게 아직 말씀하시지 않으셨기 때문에 저는 복음을 전하지 않았습니다."라고 말할 수도 있습니다. 하나님께서 빌립을 이런 방법으로 인도하신 이유는 하나님께서 자신의 교회를 그때 막 시작하셨기 때문이라는 것을 당신은 반드시 이해해야 합니다. 하나님께서는 그들을 가르치고 훈련해야 했습니다. 그분은 그들에게 어떻게 해야 하는지 보여주어야 했습니다. 오늘날의 당신은 복음을 전하기 전에 누군가의 음성을 들을 필요가 없습니다.

"그러므로 너희는 가서 모든 민족들을 가르치고, 아버지와 아들과 성령의 이름으로 침례를 주며 내가 너희에게 명령한 모든 것을 가르쳐 지키게 하라. 보라, 내가 세상 끝까지 너희와 항상 함께 있으리라."고 하시더라. 아멘. 마태복음 28:19-20

당신이 주님으로부터 받아야 할 지시는 이것뿐입니다. 다른 음성을 기다리지 마십시오. 사도 바울의 인생을 보십시오. 그는 그가 언제 멈춰야 하는지를 알아야 했습니다. 그는 언제 나가야 하는지는 알 필요가 없었습니다. 왜냐하면 그는 이미 바쁘게 나가 있었기 때문입니다! 매일 아침 일어날 때 그는 어디로 가야 하는지 이미 알고 있었습니다. 그는 "아버지, 제가 가야 합니까, 가지 말아야 합니까?"라고 묻지 않았습니다. 예수님께서 말씀하셨습니다. "너희가 아직도 넉 달이 있어야 추수할 때가 된다고 말하지 아니하느냐? 보라, 내가 너희에게 말하노니 눈을 들어 밭을 보라. 이는 곡식이 추수하도록 이미 하얗게 되었음이라. 또 거두는 사람은 삯을 받고 영원한 생명에 이르는 열매를 모으느니라."(요한복음 4:35-36)

부흥이 왔습니다!

한 번은 제가 기도하는데 성령님께서 제게 말씀하셨습니다. "너는 부흥의 때가 왔는지 아직도 의문하느냐?" 우리 모두가 고대하고 뭔가 아름다운 일이 일어날 것이라고 기대하고 있던 부흥이 있었습니다. 성령님께서 많은 사람들이 그 부흥을 기대하고 있다고 말씀하셨습니다. 온 세상 사람들이 그 부흥에 대해서 많은 말들을 했습니다. 그런 후 성령님께서 말씀하셨습니다. "부흥은 이미 왔다. 자기의 눈을 여는 자마다 그 안으로 걸어 들어갈 것이다." 바람은 불고 있고 부흥은 일어났고 그 안으로 들어가는 자마다 부흥을 만끽할 것입니다. 놀라운 일이지만 사실입니다.

그들이 수년간 얘기해왔던 부흥은 이미 일어나고 있습니다. 많은 하나님의 선지자들이 말해왔던 모든 일들이 지금 일어나고 있습니다. 당신이 당신의 눈에서 비늘을 떼어내고 당신의 심령의 수건을 벗어던지기만 한다면 보기 시작할 것입니다. 당신의 기도실로 들어가면 보기 시작할 것입니다. 하나님 앞에 무릎을 꿇을 때까지는 그 누구도 영적으로 아무것도 볼 수 없습니다. 성령님께서 임하시고 그의 눈을 여시기 전까지는 모든 사람의 눈은 멀어있습니다.

또 다른 공지announcement를 기다리지 마십시오. 다른 사람이 당신을 깨우기를 기다리지 마십시오. 그저 하나님과 함께 움직이십시오. 하나님께서 당신에게 능력을 주셨습니다. 당신은 성령 안에서 자신을 흔들어 깨울 수 있는stir up 온전한 능력을 가지고 있습니다. 성경은 알지 못하는 방언을 말하는 사람은 자신을 세운다고 말합니다.(고린도전서 14:4) 그는 자신을 건전지처럼 충전시킵니다. 그들이 예언해왔던 시대는 이미 왔지만 많은 사람들은 이것을 놓치게 될 것입니다. 왜냐하면 그들은 이미 시작된 것을 아직도 기다리고 있기 때문입니다.

성령님께서 제게 또 말씀하셨습니다. "예수 그리스도의 세대에는 그렇게 기다렸다. 그들은 메시아를 기다리고 있었고 메시아가 왔을 때 그들은 메시아를 죽였다. 그들은 예수 그리스도가 메시아였던 것을 몰랐고 그들은 이스라엘에서 아직도 메시아가 오기를 기다리고 있다. 그는 2000년 전에 왔지만 그들은 알지 못했다."

그리스도께서 이 땅에 계신 동안에 그들은 엘리야를 기다리고 있었습니다. 왜냐하면 엘리야가 돌아올 것이라고 선지자가 말했기 때문입니다.(말라기 4:5) 엘리야는 왔고 그들은 그를 알지 못했고 그를 비난하였습니다. 제자들도 몰랐습니다. 그들이 예수께로 왔을 때 그분께 여쭤보았습니다. "주님, 메시아가 오기 전에 엘리야가 돌아올 것이라고 하지 않았습니까?"(마태복음 17:10) 예수님께서는 그들에게 엘리야가 이미 왔지만 그들이 모르고 있었다고 말씀하셨습니다. 그들은 침례 요한이 그 말씀을 이루었다는 것을 몰랐습니다.

이와 같은 일이 지금도 일어나고 있습니다. 준비된 자에게는 모두 성령의 기름부음이 임하게 될 것이고 그들은 이전에는 볼 수 없었던 표적과 기사를 보게 될 것입니다. 그러므로 이것은 당신에게 달린 것입니다. 우리는 필요로 하는 곳에서 더 많은 표적과 기사를 보게 될 것입니다. 참된 사역은 그런 곳에서 일어나기 때문입니다. 당신이 만약 간증이 듣고 싶고, 성령님의 능력이 보고 싶고, 하나님께서 당신의 삶 속에서 움직이시는 것을 보고 싶다면 죄인들이 있는 곳에서 복음을 전하십시오!

하나님의 능력은 복음 안에서 나타납니다

복음은 하나님의 능력입니다. 성령님의 초자연적인 기름부음이 복음 안에 싸여 있습니다. 그리고 온 심령으로 복음을 전하고 성령님께 순종하는 사람은 모두 표적과 기사를 보게 될 것입니다. 당신은 가정이 개종하는 것을 볼 것이고 수많은 가족들이 예수 그리스도께로 오는 것을 보게 될 것입니다.

이것은 외국인 사역자가 와서 여는 전도 집회가 아닙니다. 하나님께서는 새로운 종류의 선교사를 준비하셨습니다. 하나님께서는 그들을 구원하시고 훈련시켜서 그들의 민족에게 영향을 미칠 수 있도록 구비시키십니다. 당신은 오늘 당신의 세계에서 예수 그리스도의 사도입니다. 당신의 세계에서 당신은 그들의 구원을 위해서 하나님으로부터 보냄 받았습니다. 그리고 당신은 책임을 지고 하나님의 말씀을 그들에게 전달해야 합니다.

당신의 친구들과의 우정은 무엇을 위한 것입니까? 당신이 구원하고 싶은 사람들의 이름을 언제쯤 적어 놓기 시작할 것입니까? 당신은 언제쯤 영혼구원을 위해 찬양과 기도로 천국을 폭격하기 시작할 것입니까? 당신의 가정에 있는 사람들은 어떻습니까? 그들도 구원이 필요하다고 생각하지 않습니까? 여기서 기독교의 기쁨을 찾을 수 있습니다.

마차에 함께 타십시오!

> 그때 주의 천사가 빌립에게 말하기를 "일어나서 남쪽을 향해 예루살렘에서 가자에 이르는길까지 가라. 그 길은 사막이라." 하니 그가 일어나서 떠나더라. 그런데, 보라, 에디오피아 사람, 곧 에디오피아 여왕 칸다케 휘하에서 모든 재정을 담당하는 큰 권세를 지닌 내시가 예루살렘에 경배드리러 왔다가 돌아가는데 마차에 앉아서 선지자 이사야의 글을 읽고 있더라. 그때 성령께서 빌립에게 말씀하시기를 "가까이 가서 이 마차에 함께 타라." 하시더라.   사도행전 8:26-29

성령님께서는 "가까이 가서 에디오피아에서 전도 집회를 열어라."라고 하시지 않으셨습니다. 그분은 "가까이 가서 이 마차에 함께 타라."고 하셨습니다. 이것이 매우 중요한 이유는 하나님의 영은 어떤 목적을 위해서 그 마차를 그곳에 두셨기 때문입니다. 만약에 그렇지 않았더라면 그는 "가까이 가서 함께 말을 타라."고 하시거나 "가서 저 사람을 만나라."라고 하셨을 것입니다. 그분은 "가까이 가서 이 마차에 함께 타라."라고 하셨습니다. 왜일까요? 마차는 인생의 운반 수단입니다. 마차에 타십시오. 그 안에서 무슨 일이 일어나고 있습니다.

당신의 직업, 사업, 사무실, 학교, 그리고 동네가 이것을 상징하는 것입니다. 책의 앞부분에서 나눈 것같이 여러 종류의 마차들이 있습니다. 사업 마차들도 있고 의학 마차들도 있고 동네 마차도 있습니다. 어떤 그리스도인들은 성령님께서 그들을 보내신 마차에 계속 있지 않고 뛰어 내려 하나님의 일을 이루지 못합니다.

빌립을 보십시오. 빌립이 그곳에 갔을 때, 성경은 그가 내시가 말씀을 읽고 있는 것을 발견하여 이렇게 물었다고 말합니다. "선생님, 당신이 읽는 것을 이해하십니까?"

내시는 그에게 대답했습니다. "누군가 가르쳐 주지 않는 이상 내가 어떻게 이해하겠습니까?"

그리고 나서 빌립은 그 사람에게 예수 그리스도의 복음을 가르쳤고 그를 구원하였습니다. 그는 금방 또 빌립에게 물었습니다. "내가 침례를 받는데 방해되는 것은 무엇입니까?" 그리고 빌립이 대답했습니다. "만일 당신이 믿는다면 침례를 받을 수 있습니다." 그들은 마차에서 내려 내시를 물 속에 잠기게 하고 예수의 이름으로 침례를 주었습니다. 그리고 그 내시는 예수 그리스도의 복음을 에디오피아로 가지고 갔습니다. 도시들은 무엇을 위해 있다고 생각하십니까? 성령님께서 당신을 도시로 보내신 이유는 당신이 직업을 찾고 사업을 확장하기 위해서만이 아닙니다. 그분은 당신이 마차에 함께 타도록 하기 위해 그곳에 보내신 것입니다!

만약에 당신이 국제 도시에 살고 있다면 그곳에는 세계 곳곳에서 온 다양한 사람들이 있을 것이고, 또한 전국의 거의 모든

지역 사람들도 있습니다. 당신이 해야 할 일은 오직 그 복음을 그들에게 전해주는 것입니다. 그러면 그들은 복음을 그들의 가족에게 전할 것입니다. 저는 학생 시절, 그리스도인 친구들과 함께 그들의 집과 가정과 마을에서 전도 집회를 열었습니다. 저는 이 복음을 전하면서 한 가지를 발견했습니다. 이 복음은 어디에서든지 효력이 있습니다. 이 복음은 가난한 자들과 부자들에게 모두 효과가 있습니다. 저는 부자들과 가난한 자들에게, 노인들과 젊은이들에게 손을 얹었고 이 똑같은 복음이 그들의 인생을 바꾸었습니다. 지금이 당신의 시간입니다! 지금이 당신의 때입니다! 오늘이 당신의 날입니다! 이제 하나님께서 사용하실 사람은 당신입니다. 베드로도 아니고 야고보도 아니고 바울도 아닙니다. **당신입니다!**

예수님을 어떻게 하실 것입니까?

저는 마태복음 27장 19절에서 제 마음에 감동을 주는 무언가를 읽었습니다. 예수님께서는 막 체포 되셨고 판결 받기 위해 빌라도에게 불려 가셨습니다. 빌라도가 예수 그리스도의 심판석에 앉아있었을 때 그의 아내가 그에게 말했습니다. "당신과 그 의로운 사람(예수님에 대해서 말하는 것이었습니다) 사이에 아무 일도 없게 하소서." 그녀가 꿈에 예수님으로 인하여 여러 가지 고통을 받았기 때문이었습니다. 빌라도는 유대인들과 논의하면서 말했습니다. "나는 이 사람에게서 아무 잘못을 찾지 못하였다."(누가복음 23:14)

마태복음 27장 20절부터 22절까지 성경은 기록합니다. **"그러나 대제사장들과 장로들이 무리를 설득하여 바라바를 원하고 예수를 죽이게 하라고 하니 총독이 그들에게 대답하여 말하기를 '그 둘 중에서 내가 누구를 놓아주기를 원하느냐?'고 하니, 그들이 말하기를 '바라바니이다.'라고 하더라. 빌라도가 그들에게 말하기를 '그러면 내가 그리스도라 하는 예수는 어떻게 하랴?'고 하니…"** 저는 잠시 '하나님의 아들이신 예수님께서 이 사람에게 넘겨졌다.'라고 생각하였습니다. 그리고 빌라도는 매우 뜻 깊은 질문을 합니다. **"내가 그리스도라 하는 예수는 어떻게 하랴?"**

당신의 심령 속에 한 사람이 있습니다. 그분은 하나님의 아들이신 예수 그리스도이십니다. 그 똑같은 그리스도께서 당신의 손에 넘겨졌고 그분의 말씀이 당신 안에 있습니다. 예수님께서 그분의 말씀을 당신에게 주셨는데 당신은 그 말씀을 가지고 무엇을 할 것입니까? 당신은 사람들에게 다른 것을 풀어 놓으시겠습니까? 아니면 그들을 구원하기 위해 예수님을 풀어놓으시겠습니까? 당신에게 달렸습니다. 오늘 당신은 빌라도와 같은 위치에 서 있습니다. 당신은 결정을 내려야 합니다. "예수님을 어떻게 하시겠습니까?" 당신은 그분을 풀어놓거나 그분을 묶습니다.

만약에 예수님을 사람들에게 전함으로써 그분을 풀어놓는다면 그분은 그들을 구원하실 것입니다. 만일 당신이 그렇게 하지 않는다면 그분은 아무것도 하실 수 없습니다. 당신은 그리스도라 하는 예수를 어떻게 하시겠습니까?

"전문인 선교사들"

> 이런 일이 있은 후에 바울은 아테네를 떠나 고린도로 와서 (클라우디오가 모든 유대인은 로마를 떠나라고 명령했기 때문에) 최근에 이탈리아에서 온 폰토 태생 아퀼라라고 하는 유대인과 그의 부인 프리스킬라를 알게 되어 그들에게 찾아 가니라. 그가 동일한 업종에 종사하였기 때문에 그들과 함께 머물면서 일하였으니 이는 그들이 생업으로 천막을 만드는 사람들임이더라.　　　　　　　　사도행전 18:1-3

아퀼라와 프리스킬라는 예수 그리스도께 회심한 사람들이었고 그들 또한 하나님의 말씀을 그들의 사업이 가는 곳마다 전했습니다. 이제 여기서 중요한 것은 바울이 그들과 함께 한 동안 살았다는 것입니다. 성경은 그가 그들과 동일한 업종에 종사하였기 때문이라고 말합니다. 그는 그들이 그리스도인이었기 때문에 그들과 동행한 것이 아닙니다. 그들이 그리스도인들이었다면 그는 그들과 형제로서 함께 살았을 것입니다. 그는 그들을 형제라고 부르지 않았습니다. 그는 그들과 같은 업종에 종사했기 때문에 그들과 함께 살았던 것입니다.

당신도 이와 같이 사업에 관련된 친구들이 당신의 집에 지내게 된 기회들이 있었을 수도 있습니다. 그들은 어떻게 됐습니까? 그들은 당신이 가지고 있는 똑같은 구원을 받았습니까? 당신이 가지고 있는 똑같은 메시지를 그들이 전하고 있습니까? 당신이 성경에서 보는 것과 똑같은 진리를 그들도 보고 있습니까? 당신은 이 사람들의 피로부터 깨끗합니까?

모든 기회를 활용하십시오

"그런데 안식일이 되어 늘 기도를 드리던 성읍 밖 강가에 나가 앉았다가 모여든 여인들에게 말씀을 전하였느니라."(사도행전 16:13) 이 형제들이 강가로 간 목적은 기도하기 위해서였습니다. 거기서 그들은 여자들을 만났습니다. 이 여인들은 그들과 함께 강가로 가려고 한 것이 아니라 다른 목적을 위해서 강가로 간 것이었습니다.

사도행전 16장 14절은 말합니다. "거기에 루디아라고 하는 여인이 있었는데 두아디라 성읍의 자주 옷감 장사로 하나님을 경배하는 여인이었으며 우리의 말을 듣더라. 주께서 그녀의 마음을 열어 바울이 말한 것에 주의를 기울이게 하시니라."

주님께서 그 심령을 여심으로 말미암아, 거기 있던 누군가가 거듭났습니다. 이것은 매우 중요합니다. 당신이 매번 하나님의 말씀을 나눌 때마다 하나님께서는 돌 같던 심령들을 여시고 그들은 당신의 메시지를 받아들일 것입니다.

참된 복음 사역은 죄인들이 있는 곳에, 구원 받지 못한 사람들이 있는 곳에 있습니다. 복음을 듣기 전까지는 우리도 한 때 모두 죄인이었습니다. 누군가가 당신에게 복음을 전해주었고 당신도 반드시 다른 누군가에게 말해야 합니다. 선택사항이 아닙니다. 당신은 복음을 전해야만 합니다!

책임의 도전

당신이 하나님의 말씀을 전하면서 영혼을 구원하기 시작할 때 당신은 사소한 일에 허비할 시간이 없을 것입니다. 잃어버린 영혼들을 구원하기에 바쁜 사람들은 기도하는데 문제가 있을 수 없습니다. 어떤 그리스도인이 기도하고 싶어하지만, 너무 피곤해서 2시간은 자고 5분만 기도하기를 계속하면서 스스로의 심령 가운데 '기도 파산자'임을 알게 되었다면, 거기에는 한 가지 분명한 문제가 있을 것입니다. 그의 삶 속에 전도라고는 찾아 볼 수 없다는 것입니다!

어떤 사람들은 이렇게 생각할 수도 있습니다. "만일 내가 기도를 하고 있으면, 전도의 열정이 생기게 될 거야." 그렇지 않습니다! 당신이 예수 그리스도를 처음 영접하고, 당신은 전도에 열정을 가지려고 그다지 많이 기도하지 않았습니다. 성령님께서 당신의 삶 속에 들어오신 순간부터 당신은 복음을 다른 사람들과 나누기 시작했습니다. 그리고 당신은 기도할 이유가 생겼습니다. 당신이 책임져야 하는 사람들이 생겼기 때문입니다.

당신이 책임져야 하는 영혼들이 있다는 것을 아는 한 당신은 늦잠을 잘 수 없습니다. 복음을 증거하기 시작하십시오! 사람이 말씀을 전하고 사람들과 예수 그리스도를 나누고 그들을 예수님께로 이끌지 않는 한 절대로 경험할 수 없는 성령님의 위대함이 있습니다.

오래 전에 읽은 이야기입니다. 어떤 교회에 30년 된 전도회장이 있었는데, 그는 평생 한 번도 영혼을 구원한 적이 없었습니다. 정말 흥미롭습니다! "이런 노력의 낭비가 있다니요."라고 당신이 말할지도 모르겠습니다. 그러나 당신이 당신 사무실의 전도회장인 것을 아십니까? 어쨌든 이 사람은 30년 동안 한 번도 영혼을 구원한 적이 없었습니다.

그런 후에 새로운 목사님이 그 교회를 맡게 되었습니다. 이 젊은 신사는 그 교회의 목회를 담당하도록 보냄 받았고 그는 이 사람의 기록을 확인하고는 이 사실들을 발견하였습니다. 그래서 그 목사는 이 사람에게 무엇을 해야 하는지 보여주었습니다.

그는 이 전도회장을 해고하지 않았습니다. 그 대신에 그에게 말했습니다. "제가 몇 월 몇 일에 전도하러 나갈 것인데 당신이 저와 함께 가셨으면 합니다."

그가 말씀을 나눌 때마다 그 나이든 회장은 보고 들었습니다. 그들이 전도를 하고 돌아왔을 때 그 남자가 울기 시작하면서 바닥에 쓰러졌습니다. 그는 말했습니다. "30년이 지나서야 저는 이전에는 존재하는 줄 몰랐던 하나님 안에서의 깊이를 이제서야 발견했습니다."

당신이 사람들을 예수 그리스도께로 이끌면 이런 일이 일어납니다. 어떤 사람들은 누군가에게 복음을 전하다가 논쟁을 하기 시작해서 "나는 어떻게 논쟁하는 지를 모르겠어."하고 기분 나빠합니다. 성경은 바울이 시장에서 어떻게 논쟁했는지 말합니다. 이보다 더 논쟁하기에 어리석은 곳이 어디 있겠습니까? 초대교회 때의 많은 신자들이 복음을 전하고 매맞고, 복음으로 인해 채찍을 맞았습니다. 그럼에도 불구하고 그들은 그런 경험을 할 수 있었음을 하나님께 감사했습니다. 만약에 우리와 같은 사람들이었다면 경찰서로 가서 우리를 핍박했다고 그들을 모두 체포하게 했을 것입니다!

그들은 복음을 위해서 왜 그런 수난들을 견뎌냈을까요? 왜냐하면 그들은 하나님의 진리에 대해서 완전히 설득되었기 때문입니다. 화해의 복음이 우리에게 맡겨졌습니다. 이 확신들은 그저 하룻밤 만에 온 것이 아닙니다. 그들은 이 확신들을 세웠습니다. 그들은 그리스도의 복음을 반드시 전하기 위해서 자신들을 헌신하는 것에 대한 깊은 확신들을 발전시켰습니다.

과제 3

1. 파수꾼은 누구입니까?
   _____
   _____
   _____

2. 에스겔 33장 1-9절에 의하면 모든 그리스도인들이 복음을 전하는 것이 왜 중요합니까?
   _____
   _____
   _____

3. 그리스도인의 복음사역은 무엇입니까?
   _____
   _____
   _____

4. 사도행전 9장 20절에 의하면, 신자가 성령을 받은 후에 해야 하는 일은 무엇입니까?
   _____
   _____
   _____

5. 성령충만을 받은 성경적 표적이자 증거는 무엇입니까?
   _____
   _____
   _____

6. 사도행전 1장 8절에 의하면 모든 신자는 성령님의 능력을 받았습니다. 이 능력을 받은 이유는 무엇입니까?
   _____
   _____
   _____

7. 당신의 직업, 사업, 동네, 학교는 당신의 마차를 상징합니다! 당신의 마차 안에 있는 사람 5명의 이름을 적고 그들의 구원을 위해 기도하기 시작하십시오. 그들에게 예수님을 전하기 위해 모든 기회를 사용하십시오.

   i _____
   ii _____
   iii _____
   iv _____
   v _____

주의 : 각 사람이 다른 사람들을 영혼구원 할 때까지 당신의 임무는 완수되지 않았습니다!

8. 모든 사람의 피로부터 자유롭게 되기 위해서 당신은 무엇을 해야 합니까?

_____
_____
_____

9. 만일 빌라도가 마태복음 27장 22절에서 질문한 것처럼 '당신은 예수님을 어떻게 하시겠습니까?'라는 질문을 받는다면 당신의 대답은 무엇입니까?

_____
_____
_____

10. 초대교회 그리스도인들은 예수 그리스도의 복음을 위해서 왜 그런 수난과 핍박을 견뎌냈을까요?

_____
_____
_____

04

헌신 선언문
(Statements of Commitment)

그리스도인이자 예수 그리스도의 제자로서 당신은 전도의 일에 관계되었다는 깊고 개인적인 확신을 가지고 있어야 합니다. 많은 사람들은 인생에서 아무런 확신도, 살 이유도 없고 기대할 것도 없이 방황합니다. 그들은 거대한 바다에서 헤매는 작은 배들과 같습니다. 그들은 인생의 바람이 부는대로 갈 것입니다. 그들은 확실하지 않습니다. 그렇게 살지 마십시오. 깊고 개인적인 확신을 가지고, 그 확신들에 의해 사십시오.

이 확신들은 당신이 인식해야 하는 진리들입니다. 이 확신들은 너무 깊어서 당신이 이것을 믿고 있다는 사실을 인식하지 않을 수 없어야 합니다. 이 확신들은 당신이 대화를 하고 있든지 안 하고 있든지 당신 안에 매일 있어야 합니다. 당신은 이 확신들이 당신 안에 있는지 알기 위해서 생각할 필요가 없습니다.

당신이 말과 행동에 있어서 무엇을 하든지 이 확신들로부터 멀어져서는 안 됩니다. 당신이 이런 확신들을 가지고 있다는 것은 당신의 행동으로 증명될 것입니다.

당신이 하는 말들은 당신의 개인적인 확신들로 인하여 통제되어야 합니다. 당신이 예수님을 위해서 일하고 있다고 말할 수도 있지만 그것은 상관 없습니다. 정말 중요한 것은 당신의 의도입니다. 우리의 목적과 의도를 재점검하는 것은 우리에게 매우 중요합니다. 이것이 우리가 하나님의 뜻을 따라 일할 수 있도록 도와줄 것입니다.

당신이 반드시 깨달아야 하는 것은 당신이 일하는 곳이 당신의 선교지라는 것입니다. 그곳이 당신의 밭입니다. 하나님께서는 당신을 사역자로 그곳에 보내셨습니다. 어떤 사람들은 '기독인 회사'라고 부르는 곳에서 일하는 것을 좋아합니다. 그런 것이 잘못된 것은 아니지만 당신은 반드시 사람들을 하나님께로 이끄는 일에 충성해야 합니다. 당신은 다른 사람들에게 영향을 미쳐야 합니다.

당신이 어디에 있든지 그 장소가 바로 예수 그리스도를 위해 사람들에게 영향을 미칠 수 있는 기회입니다. 당신이 있는 곳이 당신의 마차입니다. 이 세상 사람들을 향한 하나님의 사랑의 증인이 되게 하시려고 하나님께서 당신을 그곳에 보내셨습니다. 이 장에서 여러분과 몇 가지 진리들을 나눌 것입니다. 이 진리들은 저의 동기이며 제 개인적인 확신들과 저의 헌신 선언문입니다. 당신이 이 진리들을 읽은 후 당신 자신의 진리들로 삼으시기를 소망합니다.

나의 첫 번째 헌신 선언 :
복음은 하나님의 하나뿐인 구원의 능력입니다

당신은 반드시 복음이 하나님의 능력인 것에 완전히 설득되어야 합니다. 복음은 하나님의 단 하나뿐인 구원의 능력입니다. 복음이 하나님의 구원의 능력이라는 것이 영원히 당신의 영에 깨달아지기를 원합니다. 사도 바울이 로마인들에게 편지하면서 말했습니다.

> 내가 그리스도의 복음을 부끄러워하지 아니하노니 이는 이 복음이 믿는 모든 사람을 구원에 이르게 하는 하나님의 능력이 됨이라 … 이 복음 안에는 믿음에서 믿음에 이르게 하는 하나님의 의가 계시되었으니…   로마서 1:16, 17

하나님께서는 사람들을 구원하고, 도와주고, 해방시켜주고 싶어 하시지만 복음이 없이는 그렇게 하실 수 없으십니다. 왜냐하면 그분의 능력은 예수 그리스도, 하나님의 아들의 복음 안에 있기 때문입니다.

만일 누구든지 이 복음을 믿는다면, 그들이 죄 안에서 얼마나 헤매고 있는지 또 악에 얼마나 깊이 빠져있는지와는 상관 없이, 그들이 복음을 듣고 믿고 그것을 근거로 행동하기만 한다면, (골짜기가 얼마나 깊은지, 구덩이가 얼마나 더러운지와는 상관 없이) 그들은 눈과 같이 하얗게 되어 나올 것입니다.

당신은 당신 안에 말로 표현 할 수 없는 능력을 가지고 있습니다. 성경이 이 능력에 대해 사도행전 1장 8절에서 **"그러나 성령께서 너희에게 임하시면 너희가 능력을 받으리니…"**라고 말합니다. 이 능력은 변화를 일으키는 능동적인 능력입니다. 이 능력은 세상이 찾을 수 없는 능력입니다. 이 능력은 무엇이든지 할 수 있고 누구든지 변화시킬 수 있습니다. 이것은 복음의 능력입니다. 사람이 필요한 모든 것은 복음을 듣고 믿는 것입니다. 만약에 그가 믿기만 한다면 이 복음이 그를 영원히 변화시킬 것입니다. 그러나 당신이 복음을 제시하지 않는다면 그는 믿을 수 없습니다. 그 사람이 복음을 들을 때가 믿을 수 있는 기회입니다.

> 주의 이름을 부르는 자는 누구나 구원을 받으리라. 그런즉 그들이 믿지 아니한 이를 어찌 부르리요? 듣지도 못한 이를 어찌 믿으리요? 전파하는 자가 없이 어찌 들으리요?
>
> 로마서 10:13-14

당신은 이미 세상으로 보내심을 받았습니다. 예수님께서 말씀하셨습니다. **"내 아버지께서 나를 보내신 것같이 나도 너희를 보내노라."**(요한복음 20:21) 그리스도의 복음을 전하는 것은 우리의 책임입니다. 그들이 복음을 들을 때 그들은 죄사함을 받을 수 있습니다. 복음은 어떤 사람이든 그가 살고 있는 현재 수준에서 하나님께서 원하시는 수준의 사람으로 변화시킵니다. 예수 그리스도의 복음을 전달하는 것은 인류의 하나뿐인 소망입니다.

복음은 사람을 가난과 질병으로부터 빠져 나오게 할 것입니다. 만일 우리가 복음을 밖으로 내보낼 수만 있다면 그것이 온 세상을 변화시킬 것입니다. 이것이 복음이 할 수 있는 일입니다. 복음은 사람들의 인생을 영원히 변화시키고 영향을 미칩니다. 당신은 반드시 복음이 하나님의 하나뿐인 구원의 능력이라는 것에 설득되어야 합니다.

> 그리스도 예수께서 죄인들을 구원하시려고 세상에 오셨다는 이 말씀은 신실하며, 온전히 받아들이기에 합당하도다. 죄인들 중에서 내가 우두머리라. 디모데전서 1:15

이것은 그리스도의 구원의 은혜에 대한 사도 바울의 증언입니다. 신실한 말씀이란 신뢰할 수 있는 말씀입니다. 당신이 예수님을 죄인들에게로 모시고만 가면, 그분은 그들의 영혼을 구원할 수 있습니다. 예수님께서 당신 안에 계십니다. 그분의 임재와 능력이 당신 안에 있습니다. 그분은 잃어버린 자들을 찾고 구원하시기 위해 오셨다고 말씀하셨습니다. 그분이 당신을 통해 죄인들의 영혼을 구원하실 수 있도록 허락하십시오. 그분은 당신을 통해서 말씀하실 것이고 당신은 당신의 입으로부터 나오는 위대한 말들에 놀랄 것입니다. 왜냐하면 그분이 당신 안에 일어서서 크게 역사하실 것이기 때문입니다. 당신이 많은 말들로 탁월하게 전달하더라도 예수님 없이는 영혼을 구원할 수 없습니다. 영혼을 구원하기 위해서는 당신과 그분이 함께 동역해야 합니다.

당신 안에 능력이 있습니다. 다른 무엇보다도 당신 안에 거하시는 그 임재를 더 인식하십시오. 당신은 보통 말이 아닌 생명과 능력의 말의 전달자입니다. 자신 스스로를 그렇게 본다면 다시는 평범할 수 없습니다.

이 모든 것을 요약하면 이렇습니다. 우리는 그리스도의 복음을 알기만 할 뿐 아니라 이 복음이 모든 사람을 위한 하나님의 구원의 능력이라는 것에 반드시 설득되어야 합니다. 만일 여러분이 그것에 설득되어 있다면 그 복음을 그들에게 줄 것이고 다른 사람들과 복음을 나눌 것이며, 당신은 그 능력이 그들에게도 확실하게 미치도록 할 것입니다. 지구상에서 사람을 자유케 할 수 있는 것은 이 소식뿐입니다!

나의 두 번째 헌신 선언 :
복음은 인간의 모든 문제의 해답입니다

당신은 이것도 확신해야 합니다. 복음은 인간의 모든 문제의 해답입니다. 그리스도인으로서 당신은 이것에 대한 확신이 있습니까? 복음이 인간의 모든 문제의 해답이라는 것을 당신의 영이 깨달았습니까? 이것이 당신의 의식이 되었습니까? 당신은 이것이 진리임을 믿습니까? 만일 믿는다면 당신은 그런 것처럼 행동합니까?

복음은 인간의 모든 문제의 해결책입니다. 복음은 **"하나님이 세상을 이처럼 사랑하사"**라는 한 문장으로 요약될 수 있습니다. 그리고 그것으로 충분합니다! 성경이 요한복음 3장 16절에 말합니다. **"하나님께서 세상을 이처럼 사랑하셔서 독생자를 주셨으니, 이는 그를 믿는 사람은 누구든지 멸망하지 않고 영생을 얻게 하려 하심이니라."** 이것이 무엇을 의미합니까? 만일 하나님께서 정말로 세상을 사랑하신다면 그들이 고통 받게 내버려두시지 않을 것입니다. 그분은 그들이 멸망하게 내버려두시지 않을 것입니다. 만일 하나님께서 그들을 정말로 사랑하신다면 그들을 도우실 것입니다. 그렇기 때문에 그들은 두려워할 필요가 없습니다. 하나님께서는 사랑이시기 때문입니다.

갈보리 십자가에서 예수님의 죽음은 충분했습니다. 십자가에서 예수님의 죽음은 의례적인 의식이 아닌 하나의 메시지였습니다. 예수님께서 십자가에 못 박히신 것의 본질은 무엇입니까? 하나님께서는 이 메시지를 온 세상에 전하고 계셨습니다. 그분은 자기가 그들을 사랑하고 있음을 알기를 원하십니다. 그렇기 때문에 성경은 **"사랑 안에는 두려움이 없나니, 온전한 사랑은 두려움을 쫓아내느니라…"**(요한일서 4:18)라고 말합니다.

당신을 향한 누군가의 사랑에 완전히 설득되면 당신은 확신이 생깁니다. 그가 당신이 저지른 일 때문에 화가 나있을 수도 있지만 그는 당신을 파괴하지 않을 것입니다. 하나님께서는 당신을 충분히 사랑하시기 때문에 보호하시고, 당신을 충분히 사랑하시기 때문에 도우십니다. 사랑 안에는 두려움이 없습니다. 이것이 갈보리의 메시지입니다.

하나님께서는 우리가 슬퍼하지 않고 행복하기를 원하십니다. 그분은 우리가 그분의 위대함과 선하심에 대해서 증언하기 원하십니다. 하나님은 세상이 가난하게 누더기를 입고 제대로 먹지 못하는 것을 원하지 않으십니다. 그분은 그들이 행복하고 평온하고 강하고 다부지고 능력 있기를 원하시고 정복자보다 나은 자가 되기를 원하십니다. 이것은 당신으로 하여금 복음을 외치고 전하도록 만들기에 충분합니다.

그리스도의 복음은 인간의 모든 문제의 해답입니다. 왜냐하면 복음의 뜻은 좋은 소식이기 때문입니다. 좋은 소식은 기쁜 소식을 뜻합니다. 그리고 당신이 무슨 일을 겪고 있든지 그분이 당신에게 오실 것이고, 그분이 당신과 함께 하실 것이고, 그분이 당신과 함께 가실 것입니다. 그렇기 때문에 당신은 한밤 중에 고속도로를 달릴 때에도 두려움이 없습니다.

당신의 나라 안에서나 바깥에서 무슨 일이 일어나고 있든지 신경 쓰지 마십시오. 왜냐하면 하나님께서 당신을 사랑하시기 때문입니다. 그리고 그분의 사랑은 당신을 해방시키기에 충분한 능력을 가지고 있습니다. 그분은 당신을 구하기 위해서 가장 낮은 곳까지 내려가시며 가장 높은 곳까지 올라가실 것입니다. 그곳이 얼마나 어둡든지, 그분은 침투하셔서 당신을 구해내실 것입니다. 하나님의 사랑(이것이 복음입니다)은 모든 질문의 해답이며 모든 문제의 해결책입니다. 그분은 당신을 모든 질병으로부터 치유하실 것입니다. 그분은 같은 상황에 처한 다른 사람들에게 하실 것처럼, 당신을 위해서도 동일하게 행하실 것입니다.

이것을 믿고 이것에 대해서 담대해 질 수 있는 인생의 시점에 이르도록 하십시오. 평범한 것을 거절하십시오! 임무에 맞게 차려 입고, 당신의 인격에 맞게 차려 입고, 하나님께서 그렇게 부르신 존재에 맞게 차려 입으십시오. 강해 지십시오. 자신을 믿으십시오. 왜 자신을 믿어야 합니까? 왜냐하면 하나님께서 당신 안에 거하실 정도로 당신을 믿으시기 때문입니다. 만일 하나님께서 당신 안에 거하실만하다면 당신은 승리자로서 그분의 말씀 안에 거할 자격이 있습니다. 그것으로 충분합니다.

만일 그분이 내 안에 거하실 만했다면 나는 이기는 자입니다. 만일 그분이 당신 안에 거하기로 선택하셨다면 당신은 이 세상에서 절대로 가난할 수 없습니다. 당신은 절대로 패배할 수 없습니다.

나의 세 번째 헌신 선언 :
복음은 내게 맡겨졌습니다

> 이는 복되신 하나님의 영광스러운 복음에 따른 것이며, 이 복음은 내게 맡겨진 것이라.　　　　　　디모데전서 1:11

복음은 당신에게 전달되었습니다. 이것을 가볍게 여기지 마십시오. 하나님께서 당신에게 와서 당신의 손 안에 무엇을 쥐어 주시면서 이렇게 말씀하시는 것을 상상해 보십시오. "이 복음을 가지고 온 세상으로 가서 사람들의 삶을 바꾸어라." 그분이 우리에게 하신 말씀입니다.

이 메시지는 어떤 문제도 해결할 수 있는 차고도 넘치는 능력을 가지고 있습니다. 이 복음을 가지고 아픈 자들을 치유하고 악한 영들을 쫓아내고 죽은 자들을 일으키십시오. 복음이 당신에게 맡겨졌으니 당신은 반드시 나가서 결과를 내야 합니다. 당신의 간증을 나눌 때에 하나님의 마음은 기뻐하십니다. 하나님께서 당신을 위해서 무엇을 하셨는지, 또 당신을 어떻게 진급시키셨는지에 대해 나눌 때에 그분은 영광 받으십니다. 기억하십시오. 당신이 그분 없이 그 일을 이룰 수 없는 것처럼 하나님도 당신 없이 그 일을 이루실 수 없으십니다. 그러나 당신과 하나님이 함께 일할 때에 성공이 오는 것입니다! 당신은 임무를 수행하고 있는 선교사입니다.

당신에게 맡겨진 메시지가 있고 그 메시지를 전달 할 사람은 당신입니다. 당신이 바로 이 영생의 메시지를 가지고 보내심 받은 사람입니다. 절대로 놓치지 마십시오! 일어서서 하나님께 "예, 저는 갈 준비가 되어있습니다."라고 말하십시오! 그러면 예수님께서 당신을 어떻게 하실지 보게 될 것입니다.

만일 당신이 직장이 없다 하더라도 걱정하지 말고 예수님을 위해서 영혼을 구원하십시오. 그러면 금방 누군가가 당신에게 물을 것입니다. "여보게, 자네는 무엇을 하는 사람인가?" 그러면 당신은 대답할 것입니다. "저는 아직 직장을 가지고 있지 않지만 앞으로 가지게 될 것이라고 예상하고 있습니다." 그러면 그들이 당신에게 일자리를 줄 것이며 그 일은 당신이 일생 동안 상상해온 것보다 훨씬 나은 일일 것입니다. 하나님께서는 어떻게 바로잡을지 알고 계십니다. 당신이 해야 할 것은 그분을 신뢰하는 것뿐입니다.

어떤 자매의 부모님이 그녀가 그리스도인이 되었다는 이유로 그녀의 학비를 대주지 않기로 했습니다. 그러나 그녀는 아직도 예수님을 믿고 포기하지 않았습니다. 어느 날 그녀는 다른 도시로 여행을 가고 있었고 차가 그녀를 위해서 멈췄습니다. 그녀가 탔던 차의 운전사는 그리스도인이었지만 그녀는 이 사실을 몰랐습니다. 그녀는 차를 타자마자 운전사에게 복음을 전하기 시작했습니다. 그녀가 전하기를 마쳤을 때 그는 그녀를 쳐다보며 말했습니다. "나는 그리스도인인데 당신은 무슨 일을 합니까?"

그녀는 대답했습니다. "저는 학생입니다."

그가 물었습니다. "당신이 여행하고 있는 이유는 무엇입니까?"

"저는 제 학비를 낼 돈이 필요하기 때문에 제 삼촌을 만나러 가고 있습니다." 그녀가 대답했습니다. 그리고 계속해서 그녀의 간증을 나누기 시작했습니다. 그녀가 끔찍한 시간들을 통과할 때에도 하나님께서 그녀와 함께 하셨고 그녀는 그분이 자신을 도울 것을 알고 있었다는 것을 나누었습니다.

그러자 운전사가 말했습니다. "제가 당신에게 장학금을 드리겠습니다. 앞으로 당신이 졸업할 때까지 필요한 학비는 제가 모두 내겠습니다."

하나님은 위대하십니다. 그분은 전능하십니다. 그분은 온 시스템을 당신을 위해서 뒤흔드실 수 있습니다. 하나님의 사랑이 해답입니다. 그분은 당신을 위해서 온 세상을 뒤흔드실 정도로 당신을 충분히 사랑하십니다.

어떤 여인에 대한 이야기가 있습니다. 크고 신비로운 독수리가 그녀의 아기를 집어 높은 산으로 가지고 갔습니다. 모든 사람들이 그 독수리로부터 아기를 구하려고 했지만 아무도 구하지 못했습니다. 그들은 산을 오르려고 해보았지만 산이 너무 높았습니다. 마을의 힘 있고 강력한 남자들도 모두 산을 오르려고 했지만 성공하지 못해, 모두 불가능하다고 말하며 포기했습니다.

그러나 이 여자는 말했습니다. "나는 반드시 내 아기를 구해와야 합니다." 그리고는 아무도 할 수 없었던 일을 하였습니다. 그녀는 산을 올라 그녀의 아기를 찾아 데리고 왔습니다. 그녀를 움직인 것은 무엇입니까? 그녀 안에 어떤 능력이 있었습니다. 이것은 사랑의 힘입니다. 사랑은 모든 것을 정복하기 때문에 사랑은 가장 위대한 능력입니다.

나의 네 번째 헌신 선언 :
나는 복음에 헌신되었습니다

당신은 그리스도인 일꾼으로서 헌신되어 있습니까? 당신이 복음에 헌신되었다고 말할 수 있습니까? 복음이 당신에게 맡겨지는 것과 당신이 복음에 헌신되는 것은 다른 일입니다. 이 헌신은 당신의 대화 속에서, 당신이 하는 일들 속에서, 그리고 당신이 가는 곳에서 나타납니다. 당신의 선택에도 당신의 헌신이 나타납니다.

당신이 밖에 돌아다니면서도 자신이 복음에 헌신됐음을 인식하십니까? 교회의 일꾼은 하나님께서 자신에게 영혼들을 구원하고 복음을 전함으로써 생명의 사역자가 될 수 있는 능력을 주셨다는 것을 믿고 압니다. 그리스도는 당신을 통해서 그들에게 손을 뻗치고 계십니다. 하나님의 말씀을 나누십시오. 예수님께서는 사람들이 어디 있는지 아시며 어디가 아픈지도 아십니다. 그분은 자기를 대신해서 복음을 가지고 그들에게 다가갈 누군가가 필요하십니다. 이 사람들 중의 몇 명은 당신이 그리스도를 위해 그들에게 다가가서 하나님께로 그들을 데리고 오기 전까지는 교회에 절대로 가지 않을 사람들이 있습니다.

나의 다섯 번째 헌신 선언 :
나는 예수 그리스도가 하나뿐인 길임을 확신합니다

당신은 당신의 모든 삶 가운데, 즉 당신이 사는 방식과 말하는 방식과 생각하는 방식과 사람들과 교감하는 방식을 통해 예수 그리스도가 하나님께로 가는 단 하나뿐인 길이라는 것을 증명하는 지점에 도달해야 합니다.

성경은 "그러므로 우리가 주의 두려우심을 알기 때문에 사람들에게 권유하노라."(고린도후서 5:11)라고 말합니다. 이러한 확신은 당신을 사람들에게 좋은 소식을 전하기 위한 모든 기회들을 최대한 이용하는 선포자가 되게 할 것입니다.

복음을 증거하는 것은 당신이 다니는 교회에서 강조했다고 해서 그냥 한 번 해볼 일이 아닙니다. 이것은 삶의 방식이 될 것이며 당신이 기대하고 전략적으로 계획하는 일이 될 것입니다. 이것은 당신의 내장 속 깊숙한 곳에서 나오는 사랑을 열 것이며 누군가를 구원하기 위해서 당신이 더 낮아져 그들을 더 섬기도록 만들 것입니다. 이것에 대해서 잠시만 깊이 생각해 보십시오. 이 세상의 모든 종교들은 수백 만 명의 사람들을 속여왔습니다. 왜냐하면 예수 그리스도만이 진정으로 하나뿐인 길이기 때문입니다. 이렇게 속은 모든 사람들은 어떻게 되겠습니까? 그들은 주 예수 그리스도를 빨리 만나야 합니다.

먼저, 당신은 무릎 꿇고 끊임없이 열정적으로 중보하게 됩니다. 이것이 너무나 중요한 이유는 성경이 **"그들 마음의 완고함 때문에 그들 안에 있는 무지를 통하여 하나님의 생명에서 멀리 떨어졌고 그들의 명철은 어두워졌으며."**(에베소서 4:18)라고 말하고 있기 때문입니다. 누구도 이런 상태에 있다면 슬퍼해야 할 일입니다. 성경은 고린도후서 4장 4절에서 말합니다. **"그들 가운데 이 세상의 신이 믿지 않는 자들의 마음을 어둡게 하여 하나님의 형상이신 그리스도의 영광스러운 복음의 광채가 그들에게 비치지 못하게 하느니라."**

예수 그리스도가 구원 받는 단 하나의 길이라는 것을 당신이 진정으로 믿는다면 이 말씀이 당신의 주목을 끌어야 합니다. 당신은 그들을 무지의 속박 안에 붙잡고 있는 것이 원수인 것을 알기 때문에 그들을 위해 중보해야 합니다. 이 확신은 영혼구원에 반영될 뿐만 아니라 제자를 삼는 것에서도 나타납니다. 제자를 만드는 것은 사람들을 구원하고 그들을 세우고 보내는 것입니다. 이것은 다른 누군가가 당신이 하는 일을 하도록 하는 것입니다. 그리스도의 제자로서 당신은 자신이 설득되어지지 않은 것을 사람들에게 가르칠 수 없습니다. 이 사실에 대해서 설득되고 즉시 행동하십시오.

나의 여섯 번째 헌신 선언 :
나는 복음이 하나님의 능력임을 확신합니다

만일 당신이 이것에 대해서 설득되지 않았다면 당신은 복음을 전할 아무런 근거가 없습니다. 복음은 하나님의 구원의 능력이므로, 이 깨달음이 당신의 영에 항상 있게 하십시오. 하나님께서는 사람들을 마귀의 눌림으로부터 해방시키기를 원하시지만 복음 없이는 하실 수 없습니다. 성경은 하나님에 대해 **"…모든 사람이 구원을 받고 진리의 지식에 이르기를 원하시느니라."**(디모데전서 2:4)라고 말합니다. 복음이 하나님의 능력을 전달합니다. 그분의 능력은 복음 안에 나타나 있습니다.

사도행전을 보면 제자들이 사람들에게 복음을 선포할 때마다 초자연적인 기적들이 일어났습니다. 어떤 사람들은 집에 앉아서 소리지릅니다. "하나님, 당신의 능력을 저를 통해서 나타내 십시오!" 하나님께서 그분의 능력을 당신을 통해 나타내시는 단 한 가지 방법은 당신이 복음을 선포할 때입니다. 그러면 마가복음 16장 17-18절 말씀이 이루어질 것입니다. **"믿는 자들에게는 이러한 표적들이 따르리니, 즉 내 이름으로 그들이 마귀들을 쫓아내고 또 새 방언들로 말하리라. 그들은 뱀들을 집을 것이요, 어떤 독을 마실지라도 결코 해를 입지 않을 것이며, 병자에게 안수하면 그들이 회복되리라."**

복음이 하나님의 능력이라는 당신의 확신이 당신으로 하여금 다른 사람과 하나님의 말씀을 나눌 수 있도록 준비시켜 줄 것입니다. 당신에게 복음을 전달할 수 있는 신성한 담대함을 줄 것입니다. 당신은 사람들의 문제에 대한 해답으로 복음을 사용할 준비가 되어 있을 것입니다. 왜냐하면 당신은 누구든지 이 복음을 듣고 믿고 행동한다면 그들의 죄가 얼마나 깊은지와는 상관없이 초자연적인 무언가가 그의 삶 속에 나타날 것을 알기 때문입니다.

하나님의 말씀은 만일 누구든지 그리스도 안에 있으면 그는 새로운 피조물이며, 이전 것은 지나갔으니 모든 것이 새롭게 되었다고 말합니다.(고린도후서 5:17) 로마서에서 바울은 우리가 복음을 모든 사람들에게 제공해야 한다고 권고합니다:

> 주의 이름을 부르는 자는 누구나 구원을 받으리라. 그런즉 그들이 믿지 아니한 이를 어찌 부르리요? 듣지도 못한 이를 어찌 믿으리요? 전파하는 자가 없이 어찌 들으리요? 파송되지 아니하였는데 어찌 전파하리요?　　　로마서 10:13-15

당신은 반드시 누군가에게 그리스도의 복음을 믿고 영생을 가질 수 있는 기회를 주어야 합니다. 그리스도의 복음의 전달만이 인류의 소망입니다. 복음은 사람을 가난과 아픔과 질병으로부터 빠져 나오게 하며 그들에게 인생을 살아갈 이유를 줍니다. 그리스도의 복음만이 하나님의 하나뿐인 구원의 능력이라고 설득되어 지십시오.

로마서 1장 16절에서 바울이 말했습니다. "**내가 그리스도의 복음을 부끄러워하지 아니하노니 이는 이 복음이 믿는 모든 사람을 구원에 이르게 하는 하나님의 능력이 됨이라…**" 디모데전서 1장 15절에서도 같은 저자가 기록하며 말했습니다. "**그리스도 예수께서 죄인들을 구원하시려고 세상에 오셨다는 이 말씀은 신실하며, 온전히 받아들이기에 합당하도다. 죄인들 중에서 내가 우두머리라.**" 만일 당신이 그리스도를 모시고 불신자들이 있는 바깥 세상으로 나간다면 그분이 그들의 영혼을 구원하실 것입니다.

예수 그리스도는 당신 안에 계시며 그분의 임재와 그분의 능력도 당신 안에 있습니다. 성경은 누가복음 19장 10절에서 인자가 온 것은 잃어버린 자를 찾고 또 구원하려는 것이라고 말합니다. 예수님께서 당신을 통해 불신자들에게 가실 수 있도록 허락하십시오. 그분은 당신을 통해 말씀하실 것이고 당신은 입에서 나오는 위대한 말들에 놀랄 것입니다. 왜냐하면 그분이 당신 안에서 일어나 역사하실 것이기 때문입니다.

생명과 능력을 전달하는 사람이 되십시오. 사도 바울이 고린도의 그리스도인들에게 편지를 쓰면서 그의 설교는 설득력 있는 인간의 지혜의 말로 하지 않고 성령과 능력을 나타냄으로 하였다고 그들에게 상기시킵니다.

지금이 당신이 빛날 때입니다! 그러므로 빛을 발하십시오! 당신은 이 때를 위해 태어났고 당신의 세계에 영향을 미칠 수 있는 누군가가 당신 안에 있습니다. 만일 당신이 이것에 대해서 설득되기만 했다면 말입니다! 어떤 작곡가가 그리스도와의 만남 이후에 이 아름다운 노래를 작곡하였습니다:

*나는 예수님의 이야기를 들었습니다
그것은 제 귀에 음악같이 들렸습니다
예수님의 아름다운 이야기는
나의 모든 의심과 두려움을 쫓아버렸습니다
이 사랑이 얼마나 놀랍습니까*

이 사랑은 위로부터 제게 왔습니다
오! 이것은 그냥 이야기가 아니라
실재입니다
예수님의 아름다운 이야기
세상이 알기를 갈망하고 있습니다.
예수님의 놀라운 이야기
내가 가는 곳마다 가지고 가겠습니다
이 세상을 향한 그분의 사랑을 전하겠습니다
남자와 여자와 소년과 소녀를 구원하기 위해서
오, 이것은 그냥 이야기가 아닙니다
오, 명백하고 단순한 이야기가
제게 실재가 되었습니다.

그리스도의 복음이 모두를 위한 하나님의 구원의 능력인 것을 확신하십시오. 그러면 그 확신이 이 진리의 전달을 강화시킬 것입니다. 이 소식은 사람을 자유케 하는 이 땅의 하나뿐인 소식입니다.

과제 4

1. 그리스도인으로서 그리고 예수 그리스도의 제자로서 당신은 무엇을 가지고 살아야 마땅합니까?

   _____
   _____
   _____

2. 확신들은 무엇입니까?

   _____
   _____

3. 하나님께서 그분을 위해서 당신에게 다른 사람들을 제자로 양육하라고 임무를 주셨습니다. 그러나 당신은 스스로 설득되지 않은 것을 가르칠 수 없습니다. 당신의 개인적인 확신들, 또는 예수 그리스도의 복음에 대한 당신의 헌신 선언들은 무엇입니까?

   i _____
   ii _____
   iii _____
   iv _____
   v _____
   vi _____

4. 당신이 하나님의 뜻 가운데 일하기 위해서 지속적으로 점검해야 하는 두 가지는 무엇입니까?

_____
_____
_____

5. 당신이 이 책에서 공부한 것에 근거하여 예수 그리스도의 복음에 대한 당신의 이해를 요약하십시오.

_____
_____
_____

크리스 오야킬로메 목사님의 사역과 메시지에 대해서
더 알기 원하면 아래로 연락 주십시오.

CHRIST EMBASSY
aka Believers' LoveWorld Inc.

연락 주소

런던
Christ Embassy Int'l(International) Office
363 Springfield Road, Chelmsford
Essex, CM2 6AW
Tel: +44 1245 490 234

남아프리카 공화국
303 Pretoria Avenue
Cnr. Harley and Hendrik Verwoerd,
Randburg, Gauteng
South Africa.
Tel: +27-72-241 7332

나이지리아
P. O. Box 13563,
Lagos, Nigeria.
Tel: +234-802 3324 188,
+234-805 2464 131,
+234-1-892 5724

E-mail : cec@christembassy.org
Website : www.christembadssy.org

「말씀의 실재」 정기구독 안내

매일 묵상집 **「말씀의 실재」** 는 수백만 부가 2,000여개 어로 번역되어 242개국에 배부되고 있으며, 계시와 가르침, 실제적인 사례, 말씀에 기초한 기도와 고백, 성경 읽기 계획, 참고 성경 구절로 구성되어 있습니다.

저자 : 크리스 오야킬로메
가격 : 권당 1,500원

- **1년 정기구독료** : 24,000원

- **납입 계좌** : 국민은행 279601-04-092224 (예금주 : 믿음의말씀사)
  신한은행 100-028-355147 (예금주 : 믿음의말씀사)
  농　협 221118-56-119478 (예금주 : 최순애)

- **신청 방법** : 전　화 031-8005-5483
  홈페이지 http://faithbook.kr

- **배송 안내** : 일반우편 (5권 미만 구독) / 택배 (5권 이상 구독)
  당월 도서는 전월 말일까지 수령하는 것을 원칙으로 합니다.

- **공지 사항** :
  - 구독기간 중에는 해지 또는 다른 상품으로 교환할 수 없습니다.
  - 전월 28일까지 도서를 수령하지 못한 경우 고객센터로 연락 주시면 다시 발송해 드립니다.
  - 구독기간 중도에 배송지가 변경될 경우에는 매월 10일까지 고객센터로 주소변경 신청을 하셔야 하며, 이후 변경 건에 대해서는 다음 월호부터 적용됩니다.

- **무료 구독** : 군복무중인 현역 사병과 복역중인 재소자는 1년간 무료로 받아 보실 수 있습니다. 구독 신청은 홈페이지(www.faithbook.kr)로만 가능하며 상단 게시판의 무료구독신청란에 이름과 주소를 남겨주시기 바랍니다.

믿음의말씀사 출판물

구입문의 : 031-8005-5483 http://faithbook.kr

■ 케네스 해긴의 「믿음 도서관」 책들
- 새로운 탄생
- 재정 분야의 순종
- 나는 지옥에 갔다 왔습니다
- 하나님의 처방약
- 더 좋은 언약
- 예수의 보배로운 피
- 하나님을 탓하지 마십시오
- 네 주장을 변론하라
- 셀 모임에서 성령인도 받기
- 안수
- 치유를 유지하는 법
- 사랑은 결코 실패하지 않습니다
- 하나님께서 내게 가르쳐 주신 형통의 계시
- 왜 능력 아래 쓰러지는가?
- 다가오는 회복
- 잊어버리는 법을 배우기
- 위대한 세 단어
- 하나님의 은사와 부르심
- 그 이름은 "놀라우신 분"
- 우리에게 속한 것을 알기
- 성령을 받는 성경적인 방법
- 하나님의 영광
- 은혜 안에서의 성장을 방해하는 다섯 가지
- 사랑 가운데 걷는 법
- 바울의 계시: 화해의 복음
- 당신은 당신이 말하는 것을 가질 수 있습니다
- 그리스도 안에서
- 말
- 방언기도의 능력을 풀어 놓으라
- 옳은 사고방식 틀린 사고방식
- 속량 - 가난, 질병, 영적 죽음에서 값 주고 되사다
- 네 염려를 주께 맡겨라
- 예언을 분별하는 일곱 단계
- 절망적인 상황을 반전시키기
- 당신의 믿음을 풀어 놓는 법
- 진짜 믿음
- 믿음이란 무엇인가
- 그리스도께서 지금 하고 계시는 일
- 충분하고도 넘치는 하나님 엘 샤다이
- 금식에 관한 상식
- 하나님의 말씀 : 모든 것을 고치는 치료제
- 가족을 섬기는 법
- 조에
- 당신이 알아야 하는 신유에 관한 일곱 가지 원리
- 여성에 관한 질문들
- 인간의 세 가지 본성
- 몸의 치유와 속죄
- 크게 성장하는 믿음
- 하나님 가족의 특권
- 기도의 기술
- 나는 환상을 믿습니다
- 병을 고치는 하나님의 말씀
- 영적 성장
- 신선한 기름부음
- 믿음이 흔들리고 패배한 것 같을 때 승리를 얻는 법
- 믿음의 선한 싸움을 싸우는 법
- 하나님의 계획과 목적과 추구
- 예수 열린 문
- 믿음의 계단
- 당신을 향한 하나님의 계획
- 역사하는 기도
- 기름부음의 이해
- 내주하시는 성령 임하시는 성령
- 재정적인 번영에 대한 성경적 열쇠들
- 어떻게 하나님의 영으로 인도받을 수 있는가?
- 마이더스 터치
- 치유의 기름부음
- 그리스도의 선물
- 방언
- 믿는 자의 권세(생애기념판)
- 믿음의 양식
- 승리하는 교회

■ E. W. 케년
- 십자가에서 보좌까지 무슨 일이 일어났는가?
- 두 가지 의
- 놀라우신 그 이름 예수
- 하나님 아버지와 그분의 가족
- 나의 신분증
- 두 가지 생명
- 새로운 종류의 사랑
- 그분의 임재 안에서
- 속량의 관점에서 본 성경
- 두 가지 지식
- 피의 언약
- 숨은 사람
- 두 가지 믿음
- 새로운 피조물의 실재

■ 스미스 위글스워스
- 스미스 위글스워스의 천국
- 스미스 위글스워스의 매일묵상
- 위글스워스는 이렇게 했다
- 스미스 위글스워스의 능력의 비밀

■ T. L. 오스본
- 행동하는 신자들
- 기적 - 하나님 사랑의 증거
- 새롭게 시작하는 기적 인생
- 좋은 인생
- 성경적인 치유
- 능력으로 역사하는 메시지
- 100개의 신유 진리
- 24 기도 원리 7 기도 우선순위
- 하나님의 큰 그림
- 긍정적 욕망의 힘
- 당신은 하나님의 최고의 작품입니다

■ 잔 오스틴
- 믿음의 말씀 고백기도집
- 하나님의 사랑의 흐름
- 견고한 진 무너뜨리기
- 초자연적인 흐름을 따르는 법
- 당신의 운명을 바꿀 수 있습니다
- 어떻게 하나님의 능력을 풀어놓을 수 있는가?

■ 크리스 오야킬로메
- 여기서 머물지 말라
- 이제 당신이 거듭났으니
- 당신의 인생을 재창조하라
- 이 마차에 함께 타라
- 그리스도 안에 있는 당신의 권리
- 성령님과 당신
- 성령님이 당신 안에서 행하실 일곱 가지
- 성령님이 당신을 위해 행하실 일곱 가지
- 기적을 받고 유지하는 법
- 하나님께서 당신을 방문하실 때
- 올바른 방식으로 기도하기
- 당신의 믿음을 역사하게 하는 법
- 끝없이 샘솟는 기쁨
- 기름과 겉옷
- 약속의 땅
- 하나님의 일곱 영
- 예언
- 시온의 문
- 하늘에서 온 치유
- 효과적으로 기도하는 법
- 어떤 질병도 없이
- 주제별 말씀의 실재
- 마음의 능력

■ 앤드류 워맥
- 당신은 이미 가졌습니다
- 은혜와 믿음의 균형 안에 사는 삶
- 하나님의 참된 본성
- 하나님은 당신이 건강하기 원하십니다
- 영 · 혼 · 몸
- 전쟁은 끝났습니다
- 믿는 자의 권세
- 새로운 당신과 성령님
- 노력 없이 오는 변화
- 하나님의 충만함 안에 거하는 열쇠
- 더 좋은 기도 방법 한 가지
- 재정의 청지기 직분
- 하나님을 제한하지 마라
- 하나님의 뜻을 발견하고 따라가며 성취하라
- 하나님의 참 본성

■ 기타 「믿음의 말씀」 설교자들
- 성령의 삶 능력의 삶
- 복을 취하는 법
- 주는 자에게 복이 되는 선물
- 믿음으로 사는 삶
- 붉은 줄의 기적
- 당신이 말한 대로 얻게 됩니다
- 예수-치유의 길 건강의 능력
- 성령 안의 내 능력
- 믿음과 고백
- 임재 중심 교회
- 성령충만한 그리스도인의 지침서
- 열정과 끈기
- 제자 만들기
- 어떻게 교회를 배가하는가
- 운명
- 모든 사람을 위한 치유
- 회복된 통치권
- 그렇지 않습니다
- 당신의 자녀를 리더로 훈련하라

■ 김진호 · 최순애
- 왕과 제사장
- 새로운 피조물의 실재
- 믿음의 반석
- 새 언약의 기도
- 새로운 피조물 고백기도집(한글판/한영대조판)
- 성령 인도
- 복음의 신조
- 존중하는 삶
- 성경의 세 가지 접근
- 말씀 묵상과 고백
- 그리스도의 교리
- 영혼 구원
- 새로운 피조물
- 믿음의 말씀 운동의 뿌리
- 1인 기업가 마인드